昭和の街角を紹介

懐かしい沿線写真で訪ねる

大阪環状線
北大阪急行・御堂筋線

街と駅の1世紀

生田 誠

アルファベータブックス

CONTENTS

はしがき ……………………………………… 4

第1部　大阪環状線・桜島線

大阪 …………………………………………… 6
天満 …………………………………………… 12
桜ノ宮 ………………………………………… 14
京橋 …………………………………………… 16
大阪城公園・森ノ宮 ………………………… 18
玉造 …………………………………………… 20
鶴橋 …………………………………………… 22
桃谷 …………………………………………… 24
寺田町 ………………………………………… 26
天王寺 ………………………………………… 28
新今宮・今宮 ………………………………… 32
芦原橋 ………………………………………… 34
大正 …………………………………………… 36
弁天町 ………………………………………… 38
西九条 ………………………………………… 40
野田 …………………………………………… 42
福島 …………………………………………… 44
安治川口・ユニバーサルシティ・桜島 …… 46

第2部　北大阪急行・御堂筋線

千里中央 ……………………………………… 50
桃山台・緑地公園 …………………………… 52
江坂・東三国 ………………………………… 54
新大阪 ………………………………………… 56
西中島南方・中津 …………………………… 58
梅田 …………………………………………… 60
淀屋橋 ………………………………………… 62
本町 …………………………………………… 64
心斎橋 ………………………………………… 66
なんば ………………………………………… 68
大国町 ………………………………………… 74
動物園前 ……………………………………… 76
天王寺 ………………………………………… 78
昭和町・西田辺 ……………………………… 80
長居・あびこ ………………………………… 82
北花田・新金岡 ……………………………… 84
なかもず ……………………………………… 86

コラム

産湯稲荷神社 ………………………………… 25
新宮夜行を引き継ぐ列車 …………………… 30
湊町リバープレイス ………………………… 35
湊町駅 ………………………………………… 48
上六界隈 ……………………………………… 75
大泉緑地・大泉池 …………………………… 85

昭和初期の旅行案内図

大阪環状線等の時刻表

昭和11年5月の城東線時刻表（鉄道省監修時刻表）

昭和15年8月の西成線時刻表（鉄道省監修時刻表）

昭和38年4月の
大阪環状線・桜島線時刻表
（国鉄監修時刻表）

大阪市営交通の時刻表

昭和16年3月の大阪市営交通時刻表
（鉄道省監修時刻表）

昭和37年10月の大阪市営交通時刻表
（国鉄監修時刻表）

まえがき

　大阪環状線は大阪の市街を一周するJRの幹線であり、大阪（梅田）、京橋、鶴橋、天王寺といった大阪の繁華街を結んでいる。一方、御堂筋線は大阪を代表するキタとミナミの街々を結ぶ市営地下鉄の縦貫線で、梅田（大阪）、天王寺の両駅で大阪環状線と連絡している。本書は、両線に、桜島線と北大阪急行線を加え歴史と沿線の街、駅について、写真や絵葉書、他の資料などで紹介するものである。

　大阪を代表する2つの鉄道路線のうち、大阪環状線の開通は昭和36(1961)年4月25日と、わずか半世紀ほど前のことである。しかし、その起源にさかのぼれば、明治時代に存在した2つの私鉄の路線にたどり着き、120年の長い歴史がある。そのひとつが大阪（梅田）駅から南東側の玉造方面へ延び、さらに天王寺・今宮方面に至る大阪鉄道（のちに関西鉄道）の城東線である。一方、大阪駅から南西側の西九条方面へは、同じ私鉄の西成鉄道の西成線が延びていた。この当時、東海道本線以外の官鉄（のちの国鉄、現・JR）は未発達で、日本各地でこのような私鉄が次々と誕生していたのである

　昭和36年、旅客線としては未開通だった天王寺～西九条間が結ばれて、大阪環状線は全通する。当初は乗り換えが必要だった西九条駅も、昭和39(1964)年3月22日に高架駅となり、乗り換えなしの環状運転が行われるようになる。こうして、大阪環状線は大阪市民には不可欠の足となり、日本各地・諸外国からやってくる多くの観光客、ビジネスマンが利用する鉄道線となった。

　大阪環状線には現在、19の駅が存在し、約40分で一周することができる。これは合計29駅が存在する東京・山手線の3分の2の所要時間である。大阪、京橋、鶴橋、天王寺の各駅では、府内各地および隣接府県を結ぶJR・私鉄各線と連絡しており、大阪市内にやってくる他府県の人の姿も多い。また、関西空港駅から関空快速などに乗ってやってくる外国観光客も、この大阪環状線を利用することになるのである。

　御堂筋線は、東京に続く日本で2番目の地下鉄として、昭和8(1933)年5月20日、梅田（仮駅）～心斎橋間が開通した。このときは、梅田駅は仮駅であり、途中駅の淀屋橋駅、本町駅を含むわずか3.1kmの路線だったが、昭和10(1935)年10月に梅田駅の本駅が開業し、難波駅まで延伸。さらに昭和13(1938)年に難波～天王寺間が開通し、全長7.5kmの大阪のキタ・ミナミの盛り場を結ぶ鉄道の幹線となった。また、東京の地下鉄（現・東京メトロ銀座線）が民営であったのに対して、こちらは市営であり、日本初の公営地下鉄でもある。

　太平洋戦争の戦時下には、空襲時に市民の避難所になるなどの機能を果たし、避難列車の運行もあった。戦後は昭和26(1951)年12月、天王寺～昭和町間が延伸。昭和27(1952)年10月に西田辺駅まで、昭和35(1960)年に我孫子駅まで延伸している。一方、東海道新幹線の開通に合わせて、昭和39(1964)年9月、梅田～新大阪間が開業。新幹線、在来線（東海道本線）とも結ばれることになった。

　さらに今度は大阪万博の開催に合わせて、昭和45(1970)年2月、新大阪～江坂間が開業、北大阪急行電鉄と相互直通運転を行うことで、吹田市内の万博会場、千里中央方面にも行けるようになった。また、南側の堺市方面では、昭和62(1987)年に我孫子～中百舌鳥間が開通した。

　御堂筋線は梅田・淀屋橋、本町、心斎橋、難波、天王寺という大阪を代表するビジネスタウンを結び、買い物客、観光客が集まる路線である。また、吹田市の千里ニュータウンや住吉区、堺市のベッドタウンからの通勤・通学客を運ぶ生活密着路線でもある。大阪環状線が山手線に比されるならば、東京における中央線のような存在でもある。丸く周回する大阪環状線と、市内、府内を貫く北大阪急行・御堂筋線。2つが一体となって、大阪の交通を支えているのである。

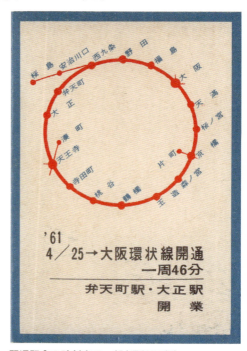

開通記念の時刻表の一部（昭和36年）
大阪環状線開通、弁天町駅、大正駅の開業を記念した時刻表一部。裏面には、大阪環状線、紀勢本線、関西本線の時刻表が掲載されている。

第1部
大阪環状線・桜島線

大阪環状線は、昭和36年に全通した。大阪（梅田）、京橋、鶴橋、天王寺、西九条、福島などのターミナル駅を結び、JR、私鉄、地下鉄各線と連絡する大阪の幹線鉄道である。現在は、伝統のオレンジカラーの各駅停車の列車とともに関西線や阪和線に乗り入れる快速、特急列車も通る路線となっている。沿線19駅にはそれぞれ大阪らしい街並みの風景が広がる。

昭和36年

撮影：野口昭雄

安治川橋梁を渡る101系。大阪環状線が全通したのちも、西九条での線路は高架と地平に分かれており、環状運転はできなかった（「の」字運転で対応）。昭和39年に高架化工事が完成し、完全な環状運転が実現した。

Osaka St.

大阪(おおさか)

明治7年、大阪〜神戸間の開通時に開業
大阪環状線の駅は、城東線の梅田駅から

所在地	大阪府大阪市北区梅田3−1−1
ホーム	6面11線(高架駅)
乗車人員	423,758人
開業年	明治7(1874)年5月11日
キロ程	0.0km(大阪起点)

昭和29年

撮影:小林昭夫

▲大阪駅
南に向いた駅舎を囲むように広い空間があった頃の国鉄大阪駅。奥には大阪中央郵便局のビルが見える。

昭和28年頃

提供:大阪市交通局

▲大阪駅前の市電と市バス
大阪駅前広場に並んでいる大阪市電と市バス。まだ地下鉄が御堂筋線しかなかった頃の風景である。

昭和31年

所蔵:上野又勇

▲大阪駅前
大阪駅西交差点付近から駅東側の阪急百貨店方面を望む。手前を走る大阪市電は交差点を曲がり、桜橋方向に向かって走っていた。自動車の数はまだ少なかった。

　大阪駅はJRの大阪環状線が、東海道線と連絡する駅であり、その歴史は明治7(1874)年5月11日、神戸〜大阪間の鉄道開通時に始まる。開業以来、商都・大阪の玄関口として利用客も多く、駅所在地の地名から、地元では「梅田ステーション」とも呼ばれてきた。明治28(1895)年、大阪環状線の前身である大阪鉄道城東線の玉造〜梅田間が開通したが、同線の駅は「梅田駅」と呼ばれていた。明治33(1900)年、大阪鉄道が関西鉄道と合併し、この梅田駅は大阪駅と統合された。

　現在は、阪急と阪神の梅田駅のほか、大阪市営地下鉄の梅田駅(御堂筋線)、東梅田駅(谷町線)、西梅田駅(四つ橋線)との連絡駅となっている。また、JR東西線の北新地駅とは至近距離にあり、同一駅として扱われている。平成23(2011)年5月に完成した大阪ステーションシティが5代目の駅舎としての役割を果たしている

　JR駅のホームは6面11線が使用されている。1・2番線が大阪環状線、11番線が北陸線などの特急用で、3〜6番線が下りのJR神戸線ほか、7〜10番線が上りのJR京都線ほかの電車、列車が利用している。この大阪駅には西九条駅経由でユニバーサルシティ駅方面に向かう桜島線(JRゆめ咲線)、天王寺駅経由で奈良方面に向かう関西線(大和路線)、和歌山方面に向かう阪和・関西空港線の列車、尼崎駅経由で宝塚方面に向かう福知山線(JR宝塚線)の列車も乗り入れている。

古地図探訪　大阪駅付近

昭和4（1929）年の大阪駅周辺の地図であり、南東側の阪急ビル、南西側の（大阪）鉄道病院のほかには、大きな建物はほとんど見当たらない。この当時、阪神の梅田駅は地上駅であり、10年後の昭和14（1939）年に地下駅となっている。西側には、阪神の出入橋駅が見え、その南側には駅名の由来となった出入橋があった。この橋は明治初期、鉄道開通に伴う陸上・海上輸送の連絡のために引かれた水路（梅田入船川）に架かっていた。地図の西側に見える黒い部分は、水路および貨物駅に隣接する船溜まりである。この水路は埋め立てられたものの、出入橋は現在も存在している。

昭和4年

昭和31年

大阪駅前の市電

大阪駅前の電停に停車する優美なスタイルの大阪市電。一番前は1001形、天神橋筋六丁目行きである。右手には大阪駅、奥には大阪中央郵便局が見える。

撮影：J.WALLY HIGGINS

曽根崎付近の御堂筋を南に望む

梅田新道付近から大江橋方面へ御堂筋を望む。御堂筋が角度を変える奥左側に見えるのは、大正12（1923）年に竣工した堂島ビルヂングで、右側には日本銀行大阪支店ものぞく。

提供：産経新聞社

昭和44年
所蔵：上野又勇

▲大阪駅の自動券売機

料金別に細かく分かれた自動券売機が並ぶ大阪駅構内の出札口風景。森ノ宮、鶴橋、弁天町への初乗り運賃は30円だった。

年代不詳
撮影：野口昭雄

▲阪急前のトロリーバス

大阪市交通局のトロリーバスは昭和28（1953）年、1号線の大阪駅前〜神崎橋間が開通したが、昭和45（1970）年にすべての路線が廃止となった。

年代不詳
所蔵：上野又勇

◀大阪駅前の阪神前交差点

大阪駅の南東から、左手の阪神百貨店、奥の大阪中央郵便局方向を望む。手前右に見えるビルは、阪急乗り場に続く阪急百貨店。

◀桜島行きの電車 昭和30年

大阪環状線が全通する昭和36年4月まで大阪〜桜島間は西成線として運行していた。西成線が電化されたのは昭和16年5月であった。

撮影：荻原二郎

▶福知山線の103系 昭和62年

昭和56年の尼崎〜宝塚間電化開業に伴い、関西初のカナリアイエローの103系が新車投入された。写真は昭和62年4月1日、JR西日本発足当日のスナップ。

撮影：岩堀春夫

▲大阪駅駅舎 昭和51年

この年は京都〜大阪間開通100年の節目の年であった。三ノ宮24分は新快速の所要時間で、当時、新快速は芦屋や神戸、さらには新大阪と高槻にも停車しなかった。

撮影：岩堀春夫

▲大阪駅前の国鉄バスターミナル 昭和62年

津山駅行きの国鉄バスが停車する大阪駅前のバスターミナル。この光景は国鉄最終日の3月31日であり、翌日からJRバスに継承される。

撮影：岩堀春夫

大阪駅西北方向を上空から望む 平成4年

奥の建設中の高いビルは新梅田シティの梅田スカイビル。その手前が梅田貨物駅（現・梅田信号場）。さらにその手前の工事中の場所には現在グランフロント大阪が建っている。

撮影：岩堀春夫

大阪市北区　大阪市都島区　大阪市城東区　大阪市中央区　大阪市天王寺区　大阪市浪速区　大阪市大正区　大阪市港区　大阪市此花区　大阪市福島区

旧大阪鉄道管理局庁舎

昭和3（1928）年に竣工した大阪鉄道管理局の堂々たる庁舎。昭和62（1987）年からは、西日本旅客鉄道（JR西日本）の本社として使用され、平成4（1992）年に新本社ビルに移転、その後に解体された。

梅田貨物駅

正式名称は「梅田駅」であるが、阪急、阪神、市営地下鉄の梅田駅と区別するため「梅田貨物駅」「梅田北ヤード」とも呼ばれていた。駅敷地の再開発計画によりその機能は、現在、百済や吹田の貨物ターミナル駅に移転された。

▲城東線のクハ79形 昭和32年

昭和30年代の関西の国鉄電車は、まさに百花繚乱。当時の大阪地区でなくては見られない戦時改造車が多数在籍していた。

▲環状線ホームの73系 昭和34年

方向板は関東のような箱形のサボ受けに差し込む方式ではなく、引っかけ式となっているのが関西の特徴。窓上の運行番号表示窓も小さい。

◀方向幕が「環状」表示の101系 昭和40年

この撮影の3年後にダイヤが改正され、ラッシュ帯を除いて環状線と桜島線の直通運転が廃止された。その際、方向幕の表示も「環状」から「大阪環状線」に変更された。

Tenma St.

天満
てんま

所在地	大阪府大阪市北区錦町1-20
ホーム	2面2線（高架駅）
乗車人員	24,106人
開業年	明治28（1895）年10月17日
キロ程	天王寺駅経由：20.1km（大阪起点）

道真祀る天満宮から地名、天満橋の存在
明治28年、大阪鉄道城東線の駅が誕生

昭和39年

撮影：野口昭雄

▲天満付近の101系
東京の中央快速線と同じオレンジ色の101系は、大阪環状線成立前の昭和35年より城東線に投入を開始。環状線全通の翌年にはすでに、半数近くを占めていた。

現在

▲天満駅
天満駅の周辺には庶民的な飲食店も多い。駅の西側には日本一の長さを誇る天神橋筋商店街が通り、買い物客が利用する。

▼天満駅の113系
関西線電化により快速用として大阪環状線に乗り入れるようになった113系。朱色の帯は春日大社のカラーにちなんだもの。

現在

▲天満駅
高架駅である天満駅の改札口は1ヵ所で、南北両側に出口がある。北側の出口を出ると右側（奥）に阪神高速12号守口線が見える。

昭和52年

撮影：岩堀春夫

　天満駅は明治28（1895）年10月、大阪環状線の前身である、大阪鉄道の城東線玉造～梅田間の開通時に開業している。明治33（1900）年に関西鉄道の所属となり、明治40（1907）年に国有鉄道の駅となった。

　天満駅の駅名は江戸時代、青果物を扱う天満市場があった地名「天満」に由来する。その天満の地名の起源は、学問の神様で知られる菅原道真を祀る大阪天満宮である。この大阪天満宮は、天満駅から約1km離れた南にあり、その付近に設置されたJR東西線の大阪天満宮駅とも離れた場所となる。さらにその南東には、大川（旧淀川）に架かる天満橋と京阪、地下鉄谷町線の天満橋駅が存在し、「天満」を冠した地名、駅名は離れた場所に点在することになる。

　この天満駅は開業時には地上駅だったものの、昭和8（1933）年に高架駅となった。このときの駅は島式ホーム1面2線の構造で、昭和42（1967）年に1番線（内回り）にホームが造られ、相対式2面2線の構造となった。駅の南東には、昭和44（1969）年に開業した地下鉄堺筋線扇町駅があり、天満駅とともに北区市役所の最寄り駅となっている。この西側には、扇町プールなどがある扇町公園が存在し、地元の人々の憩いの場として親しまれている。

昭和39年

扇町公園の大阪プール

扇町公園には昭和25(1950)年、日米国際水泳選手権のために大阪プールが建設され、巨大な観客席でも知られていた。

古地図探訪　天満駅付近

逆S字のゆるやかなカーブを描くように走る城東線(現・大阪環状線)に天満駅が置かれている。駅の西側、地図の中央を南北に貫くように走る天神橋筋には、大阪市電が走っており、その西側には扇町公園がある。この扇町公園には大阪プールがあったが、その規模は公園の大きさに比較しても明らかである。扇町公園の南側、末広町の成正寺には、大阪の歴史を語るうえで欠かせない人物、大塩平八郎の墓が残されている。

一方、この時期、駅の北東には、天満紡績会社、東洋紡績会社といった大規模な工場が存在していたが、現在は移転して跡地はマンション、住宅などに変わっている。

昭和41年

天神橋筋商店街

中元大売り出しで賑わう天神橋筋商店街のアーケード。南北に2.6km続く日本一長い商店街として、現在も約600店の店舗数を誇っている。

昭和29年

天六交差点と廃止直前の路面電車

阪神北大阪線が乗り入れていたころの天神橋筋六丁目交差点。現在は地下駅を阪急千里線と地下鉄堺筋線、谷町線が共同使用している。

昭和50年

所蔵:上野勇又

大阪市北区　大阪市都島区　大阪市城東区　大阪市中央区　大阪市天王寺区　大阪市浪速区　大阪市大正区　大阪市港区　大阪市此花区　大阪市福島区

Sakuranomiya St.

桜ノ宮
豊臣・徳川家から崇敬を受けた桜宮神社
都島区に桜ノ宮駅、谷町線には都島駅も

所在地	大阪府大阪市都島区中野町5-1-22
ホーム	2面2線（高架駅）
乗車人員	16,782人
開業年	明治31（1898）年4月27日
キロ程	天王寺駅経由：19.3km 天満駅経由：2.4km（大阪起点）

▲201系同士のすれ違い
JR京都線・JR神戸線から転属した201系はスカイブルーの塗装のまま大阪環状線で活躍したが、のちにオレンジ色に塗装変更された。

▲桜ノ宮駅での113系快速の並び
大阪環状線では昭和47年3月から101系・103系による快速が運転されたが、昭和48年10月より運転を開始した関西線直通の奈良～大阪間、113系快速に代わる形で消滅している。

◀桜ノ宮駅東口
桜ノ宮駅は相対式ホーム2面2線の高架駅。東口改札は高架下にあり、南口と北口を結ぶ自由通路が設置されている。

▲桜ノ宮駅の懐かしいホーム風景
城東線時代の夏の光景。この桜ノ宮駅北側の浄水場跡地に淀川貨物駅が昭和2年に開設されたが、昭和36年に廃止された。

▲桜ノ宮駅西口
桜ノ宮駅の西側は大川の堤防にかかり、西口は堤防下に設けられている。大阪アメニティパーク開業後は、この西口がメインの改札口になっている。

　天満駅を出た大阪環状線の電車は、阪神高速12号守口線の高架下をくぐり、大川の橋梁を渡って、桜ノ宮駅に到着する。このあたりの大川沿いは毛馬桜之宮公園として整備されており、美しい景色が広がる。桜ノ宮駅は大川を渡ってすぐの場所にあり、ホームの西端は淀川橋梁内に架かっている。

　桜ノ宮駅は明治31（1898）年4月、大阪鉄道の玉造～梅田（現・大阪）間に開業した。やがて、関西鉄道の網島～桜ノ宮間が開業し、桜ノ宮線となったが、大正2（1913）年に桜ノ宮～放出間が廃止されて、連絡駅ではなくなった。その後、昭和49（1974）年、約700m離れた北東に市営地下鉄谷町線の都島駅が開業し、振替輸送時の対象駅となっている。

　「桜ノ宮」の駅名、地名は、大坂城の守護社として豊臣・徳川氏の崇敬を受けた桜宮（神社）に由来する。現在は駅の南東、大川沿いの毛馬桜之宮公園に隣接する場所（都島区中野町一丁目）に鎮座する桜宮神社の創建年代は不明となっている。この桜ノ宮付近は、花見の名所として知られていたが、現在は対岸の大阪造幣局付近が桜の名所となり、通り抜けの夜桜はライトアップでも有名だ。

▲大川(旧・淀川)を渡る221系
毛利桜之宮公園の桜が満開、春の風景。大阪環状線にはトラスの鉄橋が多く、水の都・大阪を周回する路線らしい景観を見ることができる。

撮影：岩堀春夫

▲桜宮神社
参詣客で賑わう桜宮神社の鳥居前。左手の大川(淀川)沿いには「生魚」の看板が見える鮮魚店などがあった。

🚶 古地図探訪　桜ノ宮駅付近

　このあたりの大川(旧・淀川)には、都島橋、源八橋が架かっており、源八橋の北側(上流)には、城東線(現・大阪環状線)の橋梁が見える。現在はこの河川敷が整備されて、毛馬桜之宮公園となっている。

　このころの桜ノ宮駅の北側には、淀川(貨物)駅が広がっていた。この駅は昭和2(1927)年に開業し、片町線の鴫野駅、城東線の京橋駅と結ばれていた。その後、淀川車庫(電車区)も開設されたが、昭和60(1985)年に片町線放出駅付近に移転した。現在、貨物駅の跡地は大阪市立総合医療センター、桜ノ宮リバーシティに変わっている。

Kyoubashi St.

京橋
きょうばし

明治28年、城東線の開通時に駅が誕生
JR東西・片町・京阪・地下鉄線と連絡

所在地	大阪府大阪市城東区新喜多1-2-31
ホーム	2面2線（大阪環状線のみ）
乗車人員	129,700人
開業年	明治28（1895）年10月17日
キロ程	天王寺駅経由：17.5km 天満駅経由：4.2km（大阪起点）

昭和34年

▲京橋駅付近の市電
大阪市電が走る京橋駅付近。交差点の左手には京阪沿線の京都競馬の案内、右手には近鉄沿線の近鉄あやめ池遊園地の広告看板がある。
所蔵：上野又勇

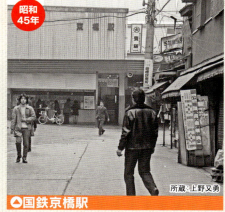

昭和45年

▲国鉄京橋駅
京阪の京橋駅は移転して新しい高架駅となったが、国鉄の京橋駅周辺には昔ながらの風景が残っていた。奥左手に出札窓口がある。
所蔵：上野又勇

昭和48年

◀京橋駅の103系
いまや交通の要衝となった当駅も大阪鉄道の開業時はまだ単線で、寝屋川橋梁北側の築堤上にホーム1本、発着線1本と小規模なものであった。大正3年に現在のような相対式ホームとなった。
撮影：岩堀春夫

現在

▲京橋駅北口
京阪京橋駅と向かい合う形で開かれているJR京橋駅の北口。この京橋駅では最も大きい改札口である。

　京橋駅はこの大阪環状線のほか、JR東西線、片町線（学研都市線）、京阪線、地下鉄長堀鶴見緑地線と連絡するターミナル駅である。南北に長い大阪環状線の駅の南側にJR東西線・片町線、西側に京阪線、さらにその西側に長堀鶴見緑地線の駅が存在する形で、乗り換えに時間を要する場合もある。

　この京橋駅は明治28（1895）年10月、大阪鉄道の城東線玉造～梅田間の開通時に開業した。この2ヵ月前、片町線の前身である浪速鉄道が開業していたが、当時は駅が存在せず、両鉄道が国有化されたのちの明治45（1912）年4月、片町線の片町駅に京橋口乗降場が開かれた。大正2（1913）年11月、この京橋口乗降場が駅に格上げされ、城東線の京橋駅と統合された。

　片町線の起点だった片町駅は、JR東西線が開通した平成9（1997）年に廃止されている。また、京阪の京橋駅は明治43（1910）年の開業時には存在せず、蒲生駅が昭和7（1932）年に国鉄駅の東側に移転し、昭和24（1949）年に京橋駅に改称した。

　「京橋」の駅名の由来は寝屋川に架かる橋の名前である。その位置は、現在ある京橋駅から1km以上も離れた、天満橋駅に近い場所である。こうした状況が生まれたのは、江戸時代には広い町名（地名）として使われていた「京橋」がやがて、由来の橋を含まないものとなり、町名自体が消えたからである。

京橋と大阪城

寝屋川に架かる京橋、網島付近の風景である。「網島」は、近松門左衛門の名作『心中天網島』で知られる地名で、奥には大阪城が見える。

京橋駅南口

駅長室が置かれている京橋駅の南口。平成9(1997)年に開通したJR東西線のホームの南側に設置されている。

京橋付近の73系

101系の投入に先立つ昭和34年、城東線の73系に塗色を東京のモハ90形と同じオレンジバーミリオンに変更したものが登場した。

京橋駅の片町線

旧性能電車の宝庫だった片町線であったが、昭和51年に101系が投入され、昭和54年の四条畷〜長尾間複線化の際には103系も登場した。

撮影：岩堀春夫

学研都市線・JR東西線京橋駅の207系

JR西日本初の通勤形電車。大阪環状線・桜島線・阪和線以外の大阪地区各線の広い範囲でお馴染みの車両。当初の帯色は濃淡の青であった。

片町線

クハ79330を先頭に京橋駅に進入する片町線は当時5両編成で運転されていた。今の通称路線名である学研都市線には、ほど遠い時代の一コマだ。

撮影：J.WALLY HIGGING

古地図探訪　京橋駅付近

国鉄の城東線(現・大阪環状線)、片町線、京阪線などが交わる京橋駅周辺だが、この昭和27(1952)年の時点では、京阪の京橋駅はなく、国鉄線の北に蒲生駅が置かれていた。城東線の内側では、大阪大学工学部、近畿車輌工場、大阪製鋼工場が大きな面積を占めている。一方、東側では東野田注水場が存在するが、大きな施設などはほとんど見られない。地図の上(北)側、現在は市営地下鉄長堀鶴見緑地線が通る京阪国道(国道1号)上には、大阪市電の線路が見える。片町線の西側はその後、地下を通るJR東西線に変わり、片町駅は廃止されている。

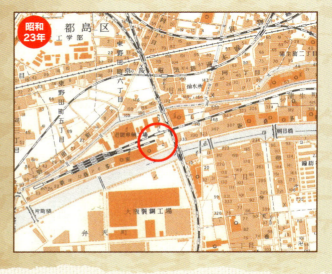

大阪城公園・森ノ宮
Osakajyoukouen St. / Morinomiya St.

太閤さんが築いた天下の名城、最寄り駅
カササギを飼育した鵲森宮から、森ノ宮

【大阪城公園駅】

所在地	大阪府大阪市中央区大阪城3
ホーム	2面2線(地上駅(橋上駅))
乗車人員	11,068人
開業年	昭和58(1983)年10月1日
キロ程	天王寺駅経由：16.7km 京橋駅経由：5.0km(大阪起点)

【森ノ宮駅】

所在地	大阪府大阪市中央区 森ノ宮中央1-1-45
ホーム	2面2線(高架駅)
乗車人員	23,742人
開業年	昭和7(1932)年4月21日
キロ程	天王寺駅経由：15.8km 京橋駅経由：5.9km(大阪起点)

昭和58年

◀ **大阪城公園駅**
橋上駅舎となっている大阪城公園駅の改札口を出て、大阪城公園方面に向かう歩道橋階段を降りてくる大勢の人々。大阪城観光や大阪城ホールの催し物にやって来る人である。

現在

◀ **大阪城公園駅**
大阪城公園駅の橋上駅舎に設けられている改札口から、大阪城公園方面に向かう歩道橋、階段。大阪城ホールと結ばれている。

▶ **城東運河と大阪城**
平野川分水路とも呼ばれる城東運河は、災害における浸水対策として昭和4(1929)年から開削が始まった。奥に大阪城の天守閣がそびえる。

昭和31年

所蔵：上野又勇

　大阪市中心部の北東側に広い位置を占める大阪城には、四方に位置する最寄り駅として、JRの森ノ宮駅、京橋駅、市営地下鉄の天満橋駅、谷町四丁目駅、森ノ宮駅などがあった。そうしたなか、昭和58(1983)年10月、「大阪城築城400年祭り」の開催に合わせて、新たに京橋～森ノ宮間に新設されたのが大阪城公園駅である。

　駅の西側には大阪城公園が広がっており、大阪城ホール、大阪城野球場に行くには利便性が高く、イベント開催時には大いに賑わいを見せる。一方、南東側にはJR西日本の吹田総合車両所森ノ宮支所(森ノ宮電車区)、大阪市交通局の森之宮検車場が広がっている。この森之宮検車場では、本書で扱う御堂筋線ではなく、中央線と千日前線の車両を受け持っている。

　森ノ宮駅も大阪環状線の東側、旧・城東線区間内では比較的新しい駅であり、昭和7(1932)年4月に開業した。その後、昭和42(1967)年9月に大阪市営地下鉄中央線が谷町四丁目駅から延伸し、森ノ宮駅が開業し、連絡駅となった。その後、長堀鶴見緑地線にも森ノ宮駅が誕生している。

　この森ノ宮周辺は、大阪でも古い歴史を持つ場所である。駅の西側、谷町四丁目方面には、大阪城よりもはるかに古い歴史を持つ「難波宮跡」があり、現在は難波宮跡公園として整備されている。江戸時代には、大坂代官所も置かれていた。

昭和30年

▲ 大阪城と観光バス

いまもむかしも、大阪城が大阪観光の拠点であることは変わらない。このころは、ボンネットタイプの貸切バスで多くの観光客がやってきた。

現在

▲ 森ノ宮駅

森ノ宮駅では平成27(2015)年から外壁の緑化が進められている。大阪城天守閣を望む城見エリアも開設された。

昭和33年

▲ 森ノ宮付近の大阪環状線

古い瓦屋根の家並みが続く間の高架線を大阪環状線の電車が走る。左奥には、ナイター設備を備えていた日生球場が見える。

昭和38年

▲ 土佐堀川の遊覧船乗り場

「水都めぐり」の観光船を運航していた大阪通船運輸の船着き場。「祝 京阪電車淀屋橋延長線開通」の文字が見える。

古地図探訪 大阪城公園・森ノ宮駅付近

大阪城公園駅開業の30年以上前の地図であり、国鉄の城東線(現・大阪環状線)の両側には、大阪工廠跡が広がっていた。西側の大阪城には、昭和6(1931)年に竣工した天守閣が見える。その東側の水道貯水場(大手前配水池)は明治時代、大阪市が近代上水道整備のために設置したもので、現在も使用されている。一方、西の本町方面から中央大通を走ってきた市電は、森ノ宮駅の北側で右折し、今度は玉造筋を南に進むことになる。

森ノ宮駅の西、この通りの南側にはプロ野球、近鉄バッファローズの本拠地だった日生(日本生命)球場があった。昭和25(1950)年に竣工した球場は、多くの野球ファンに親しまれたが、平成9(1997)年に廃止され、現在はショッピングモール「もりのみやキューズモールBASE」に変わった。

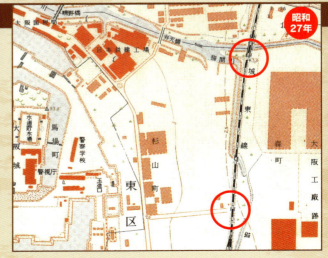

昭和27年

Tamatsukuri St.

玉造
たまつくり

明治28年、大阪鉄道の終着駅が出発点
駅南西に、真田幸村ゆかりの真田山あり

所在地	大阪府大阪市天王寺区玉造元町1-40
ホーム	2面2線（高架駅）
乗車人員	16,039人
開業年	明治28（1895）年5月28日
キロ程	天王寺駅経由：14.9km 京橋駅経由：6.8km（大阪起点）

昭和33年

◀ **玉造駅と貨物駅**
昭和7（1932）年に高架駅となった玉造駅だが、昭和36（1961）年まで地上に貨物駅が残っていた。手前には細かく切られた材木が積み重ねられている。

▼ **玉造駅前の商店街**
庶民的な店が建ち並ぶ玉造駅前の商店街。手前に見えるふぐ料理（てっちり）店の右側には、駅の高架ガードがのぞく。

提供：朝日新聞社

現在

◀ **玉造駅北出入口**
玉造駅には2ヵ所の改札口が設けられているが、駅周辺は再開発されておらず、庶民的な雰囲気の街が残っている。

昭和45年

所蔵：上野又勇

　明治28（1895）年5月、大阪鉄道の天王寺～玉造が開通したときには、この玉造駅は終着駅だった。しかし、同年10月には梅田（現・大阪）駅まで延伸し、中間駅となっている。それから約1世紀を経た平成8（1996）年12月には、大坂市営地下鉄長堀鶴見緑地線の延伸で同線の玉造駅が誕生し、連絡駅となった。

　「玉造」の駅名、地名の由来は、古代この地に置かれていた玉作（造）部で、全国に同じ地名が存在する。明治22（1889）年に玉造村と西玉造村が合併し、玉造町が誕生し、明治30（1897）年に大阪市に編入された。現在、中央区には「玉造」、天王寺区には「玉造元町」「玉造本町」の地名がある。この地は交通の要地であり、大阪府八尾市にある玉祖（たまおや）神社（高安大明神）を結ぶ古道、十三街道（俊徳街道）は「玉祖道」とも呼ばれ、深い交流があったとされている。駅の北西には、玉造稲荷神社が存在する。

　この玉造駅の南西には、豊臣方と徳川方が戦った大坂冬の陣の激戦地となった真田山が存在する。平成28（2016）年のNHK大河ドラマの主人公で、豊臣方の武将だった真田幸村ゆかりの地であり、現在は真田山公園として整備されている。また、ここには旧・真田山陸軍墓地も存在する。

▲玉造駅を上から眺める 平成22年

中央区、天王寺区、東成区の区界に位置している玉造駅。地下鉄長堀鶴見緑地線との乗り換え駅であるが京橋駅同様、位置的にやや離れており、少しだけ徒歩時間がかかる。

撮影・岩堀春夫

▲城東運河のはしけ 昭和31年

城東の工場地帯の運河に繋がれているはしけ。こうした木製のはしけが重い荷物などを運んで、大阪の川や運河を行き来していた。

撮影：小林昭夫

▲玉造駅北出入口 現在

玉造駅は相対式2面2線を持つ高架駅で、ホーム北側は長堀通のガードに続く。通学の女子高生がいる北口改札口付近の風景。

▲長堀通と環状線のガード 現在

「玉造駅」の看板が掛けられた大阪環状線のガード下を走る長堀通（国道308号）。左手奥の地下には、長堀鶴見緑地線の玉造駅がある。

古地図探訪

玉造駅付近

昭和27年

地図左（西側）の北側は中央区、下（南側）は天王寺区、右（東側）は東成区となる。城東線（現・大阪環状線）の内側には、真田山陸軍墓地があり、神社・仏閣のほかに学校の存在もある。

真田山の西に校舎のある明星商業高校は、カトリック系のミッションスクールで、かつては甲子園出場も多い野球の名門校だった。現在は明星中学校・高等学校となっている。また、清水谷町には大阪府立清水谷高校があり、高等女学校を前身とする1世紀以上の歴史を持つ名門校として知られる。北の中央区玉造二丁目には、浪華女学校・ウヰルミナ女学校から発展した大阪女学院大学が存在している。

Tsuruhashi St.

鶴橋
大阪電軌・鶴橋駅は大正3年にスタート
昭和7年に国鉄、44年に千日前線の駅

所在地	大阪府大阪市天王寺区下味原町1-1
ホーム	2面2線(高架駅)
乗車人員	95,698人
開業年	昭和7(1932)年9月21日
キロ程	天王寺駅経由：14.0km 京橋駅経由：7.7km(大阪起点)

昭和34年

🔼 **鶴橋駅のアーケード商店街**
レトロな雰囲気の鶴橋国際商店街。戦後間もない昭和22(1947)年、日中韓の人々が集まり、約300店舗の商店街が誕生した。

所蔵：上野又勇

昭和33年

撮影：小川峯生

🔼 **鶴橋駅ホーム**
城東・西成線から大阪環状線へ変革期を駆け抜けた4扉車の旧型国電が天王寺方面をめざす。最後尾の車両は2扉のモハ43形から改造されたモハ31004。

現在

◀ **鶴橋駅の大阪環状線ホーム**
鶴橋駅の2番線ホームに外回りの201系がやってきた。この大阪環状線ホームは3階にあり、近鉄線のホームは2階にある。

現在

▶ **鶴橋駅**
千日前通に向かって開かれている鶴橋駅の中央改札口、つるの広場。右方向の地下には、地下鉄千日前線の鶴橋駅が存在する。

　鶴橋駅の開業は昭和7(1932)年9月であるが、それ以前から大阪電気軌道(現・近鉄)の鶴橋駅が存在していた。大軌の鶴橋駅は大正3(1914)年4月に開業していたが、国鉄駅の開業に合わせて、西方に300m移設されている。その後、昭和44(1969)年7月には、大阪市営地下鉄千日前線が延伸し、同線にも鶴橋駅が誕生した。現在はJR、近鉄(大阪線・奈良線)、大阪市営地下鉄の連絡駅となっている。近鉄大阪線の始発駅である、大阪上本町駅は約1km西側の比較的近い場所にある。

　「鶴橋」の駅名、地名は、現在の大阪市生野・東成区になる前に存在した東成郡鶴橋村に由来する。この鶴橋村は明治22(1889)年、小橋村、東小橋村、木野村などが合併して誕生したが、村名は日本最古の橋といわれる旧平野川に架かる「つるのはし」から付けられた。この「つるのはし」が架かっていたといわれる場所には「つるのはし跡公園」が存在する。

　鶴橋駅はJR、近鉄ともに高架駅であり、近鉄線のホームは2階、JR線のホームは3階にある。近鉄線との連絡改札口は相対式の1番ホーム(内回り)、2番ホーム(外回り)のそれぞれに設けられている。

鶴橋駅付近の近鉄と国鉄 昭和40年
上本町から奈良・名古屋方面に向かう近鉄線と交差する大阪環状線の高架線。当時から、乗り継ぎをする利用客が多かった。

近鉄鶴橋駅のホーム 昭和56年
下りホーム今里側から「ビスタカー」を撮影。現在も近鉄大阪線、奈良線、難波線・阪神線の発着する、鶴橋駅は終日人波が絶えない。

近鉄鶴橋駅のホーム 現在
近鉄鶴橋駅のホームは島式2面4線の構造である。1番線に到着した列車は特急名古屋行きアーバンライナー・プラスの21000系。

古地図探訪　鶴橋駅付近

コリアンタウン、焼肉の聖地として有名な鶴橋駅周辺だが、この時期の地図からその様子をうかがうことはできない。駅の東、近鉄大阪線の線路の南側にある大阪鶴橋卸売市場も記載されていない。現在は市営地下鉄千日前線が通る千日前通の北側には、駅の北西に大阪市立味原小学校、北東に東小橋小学校が存在する。

駅の南西に見える桃山病院は、明治20（1887）年の開院以来、大阪市民の医療を司る拠点のひとつだったが、都島区に移転・発展して、平成5（1993）年に大阪市立総合医療センターが誕生している。その跡地は、マンション「OSAKAフォレストスクエア」などになっている。

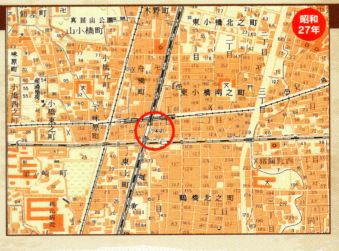

昭和27年

Momodani St.

桃谷(ももだに)

明治28年開業、
大阪鉄道桃山駅が起源
関西線の桃山駅の存在で、桃谷駅に改称

所在地	大阪府大阪市天王寺区堂ヶ芝1-8-27
ホーム	2面2線(高架駅)
乗車人員	17,683人
開業年	明治28(1895)年5月28日
キロ程	天王寺駅経由:13.2km 京橋駅経由:8.5km(大阪起点)

◁桃谷駅西側 （平成18年）

奥側が桃谷駅前商店街の入口であり、さらに歩を進めると中央、本通の各商店街に通ずる。手前の方向へ向かえば、天王寺区役所、谷町線の四天王寺前夕陽ケ丘駅にたどり着く。

撮影:岩堀春夫

◁桃谷駅付近の飲み屋街 （昭和51年）

「大阪すし」の看板が見える庶民的な雰囲気の桃谷駅付近の飲み屋街。こうした風景は、大阪環状線の各駅周辺で見られた。

所蔵:上野又勇

◁桃谷駅 （現在）

桃谷駅の改札口は1ヵ所で、ホーム中央付近の高架下に設けられている。付近に鉄道駅はなく、駅前付近に大阪市営バス、近鉄バスのバス停がある。

▷桃谷付近の103系 （昭和56年）

103系の量産冷房車編成である。現在活躍している体質改善工事が施された車両と違いオリジナルの懐かしい顔つきである。

撮影:岩堀春夫

「桜ノ宮」に続いて、2つめの花の名がある駅が「桃谷」である。明治28(1895)年5月、大阪鉄道による開業時には「桃山駅」で、関西鉄道の駅となった5年後の明治38(1905)年3月に現在の駅名になった。

「桃」の「谷」と「山」、その地名、駅名の由来はなんだろうか。このあたりは上町台地の東側で日当たりがよく、昔は一面に桃畑が広がっていたという。もともとは「桃山」だったが、その幅が狭かったために美称で「谷」を用いるようになったらしい。また、駅名が改称された理由は、奈良鉄道(現・JR奈良線)に同名の桃山駅があり、奈良鉄道が事業を関西鉄道に譲渡し、同じ会社の路線となって重複したためである。明治40(1907)年に関西鉄道が国有化され、国鉄(現・JR)の駅となった。

現在も残る「桃谷」の地名は、駅東側の生野区に広がっており、桃谷公園や御幸森天神宮などがある。JR駅に近い部分が桃谷一丁目で、五丁目までが存在するが、大阪市立桃谷高校がある場所は生野区勝山南三丁目である。一方、駅の存在地は天王寺区堂ケ芝一丁目で、その南側は烏ケ辻一丁目となっている。

昭和59年

▲桃谷駅の113系

関西線快速の大阪環状線直通は、大阪駅乗り入れが最大の目的だったが、同駅には西側からの折り返し設備がないため、奈良始発の快速は大阪駅到着後、東側区間を緩行電車として天王寺まで走る運用となった。

撮影：岩堀春夫

古地図探訪　桃谷駅付近

地図の右下（南東）に生野区役所が見えるが、一方で西には天王寺区役所があり、桃谷駅との距離はほぼ等しくなっている。

この生野区役所の付近にはこの時期、生野警察署、鉱山局、勝山高校のほか、学校を示す「文」の地図記号が集中している。このうち、大阪府立第十二高等女学校として大正11（1922）年に創立された勝山高校は、昭和41（1966）年に区内の巽東三丁目に移転し、その跡地には同じ府立の桃谷高校が開校している。また、その北側には大阪市立勝山中学校、東桃谷小学校がある。また、駅の南側の勝山通沿いには、北側にプール学院高校、南側に大阪市立勝山小学校がある。

現在

▲桃谷駅のホーム

桃谷駅の1番線ホームに停車している大和路快速の221系。この駅のホームには、まだ大阪環状線の歴史を感じさせる古い壁が残っている。

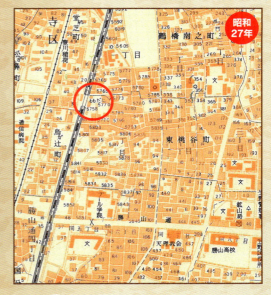

昭和27年

産湯稲荷神社

鶴橋駅の西にある産湯稲荷神社は、さまざまな伝説の残る古社である。社名の「産湯」の由来は、祭神である「大小橋命（おおおばせのみこと）」が誕生した際に産湯を使った井戸（玉之井、産湯清水）があったことによる。この神社付近は古く「桃山」といわれ、大阪でも屈指の桃林があったという。ここには「真田の抜け穴」という長い坑道（井戸）もあった。

また、この地は落語「稲荷俥」の舞台としても知られる。人力車夫が不思議な客を乗せる上方噺だが、明治期にもまだ深い森が残っていた故に作られたものである。

豊かな緑の木々に囲まれた産湯稲荷神社の鳥居（明治後期）

Teradacho St.
寺田町
てらだちょう

四天王寺に所属する田圃が駅名の由来
平成27年、古い表示板発見のニュース

所在地	大阪府大阪市天王寺区大道4－11－21
ホーム	2面2線（高架駅）
乗車人員	15,952人
開業年	昭和7（1932）年7月16日
キロ程	天王寺駅経由：12.0km 京橋駅経由：9.7km（大阪起点）

◀寺田町駅の夜景

昭和45年

国道25号に面している寺田町駅の北口付近の夜景。三和銀行（現・三菱東京UFJ銀行）の看板と、居酒屋の大提灯が並ぶ珍しい構図となっている。

所蔵：上野又勇

▼寺田町付近の103系

体質改善が施されリニューアルされた103系が活躍する大阪環状線にも新車両323系の導入が決定し、103系が見られる期間もわずかとなった。

現在

◀寺田町駅の駅名表示板

平成27（2015）年夏の改装工事で発見された古い駅名表示板。木製の壁に墨で直接書かれており、今後も保存される予定だ。

平成18年

撮影：岩堀春夫

　寺田町駅が開業したのは、鶴橋駅と同じ昭和7（1932）年であるが、鶴橋駅よりは2ヵ月早い同年7月に開業している。平成27（2015）年8月、駅舎の改装工事の折、ホームの掲示板が外されたところ、壁に直接書かれた駅名表示板が見つかり、開業からあまり間もない時期のものと推定されて、平成28（2016）年春に開業予定の京都鉄道博物館に保存が決まったニュースがあった。

　「寺田町」の駅名、地名の由来は、四天王寺の領有する田があったことによる。駅の所在地は天王寺区大道四丁目であるが、同じ天王寺区には寺田町一、二丁目の地名が存在する。この駅の北口は、国道25号（名阪国道）に面しているが、現在は駅南東の桑津四丁目東交差点から分岐するバイパスも関西本線沿いに走っている。

　この国道25号の北側、寺田町一、二丁目方面に寺田町公園、久保神社、興国高校などが存在する。この久保神社は、このあたりが窪地だったことから名づけられた神社で、かつて存在した久保村の産土神であり、大江神社などとともに「四天王寺七宮」のひとつだった。昭和20（1945）年の大阪大空襲で社殿を焼失し、昭和27（1952）年に再建されている。

明治後期

昭和30年

◁ **四天王寺五重塔**

現在の四天王寺五重塔は、先代の塔が戦災で焼け、昭和38(1963)年に再建されている。

▲ **四天王寺**

推古天皇元(593)年、聖徳太子が建立した四天王寺。江戸時代に再建された五重塔は昭和9(1934)年の嵐で崩れ、昭和14(1939)年に再建された。

現在

▲ **四天王寺の亀の池と六時堂**

江戸時代初期に建立されて、国の重要文化財に指定されている六時堂と亀の池。

明治後期

▲ **四天王寺の亀の池**

四天王寺名物のひとつである亀の池。放生会のときに放され、数が増えたといわれる。上方落語や漫才のネタにもなっている。

現在

▲ **寺田町駅のガード**

寺田町駅北口側のガード下には、国道25号(奈良街道)が通っており、駅舎の入口はレトロな雰囲気を漂わせている。

🚶 古地図探訪　寺田町駅付近

　国鉄城東線(現・大阪環状線)が大きなカーブを描くように南東に進路を変える地点に置かれているのが寺田町駅である。その南側には、国鉄の関西線、阪和線、近鉄南大阪線が走っている。この寺田町駅の北側には、この時期は大阪市電が走る国道25号が通っている。

　駅名の由来となった天王寺区寺田町の交差点はこの時期、大阪市電の交わる地点となっており、同名の地名はその北、駅より少し離れた場所に見える。その西側には、河堀稲生神社が存在する。駅の南西にある大阪学芸大学は現在、大阪教育大学天王寺キャンパス、同附属高校天王寺校舎になっている。

昭和29年

Tennouji St.

天王寺
てんのうじ

阪和線の
始発駅、和歌山方面ターミナル
高さで日本一、あべのハルカスは新名所

所在地	大阪府大阪市天王寺区悲田院町10-45
ホーム	5面5線 4面7線（地上駅）
乗車人員	141,463人
開業年	明治22(1889)年5月14日
キロ程	西九条駅経由：11.0km 京橋駅経由：10.7km（大阪起点）

昭和34年

●天王寺駅前の交差点
ステーション（駅）ビルに変わる前の天王寺駅の駅舎と駅前広場が見える。左手奥には、動物園、美術館などがある天王寺公園が広がる。梅田・難波に次ぐ鉄道拠点駅として、また、奈良・和歌山方面からの玄関口として大勢の人で賑わう。

所蔵：上野又勇

　天王寺駅がある天王寺・阿倍（部）野周辺は、聖徳太子の創建になる四天王寺を中心とした多くの寺院のある寺町であり、明治時代には第5回内国勧業博覧会が開かれ、その跡地が天王寺公園となっている。現在では、あべのハルカス（近鉄百貨店）をはじめとした商業施設などが建ち並ぶ、大阪有数の繁華街となっている。

　天王寺駅の開業は明治22(1889)年5月、大阪鉄道（現・関西本線）が湊町（現・JR難波）～柏原間を開通させたとき、この地に駅を置いたことに始まる。その後、明治28(1895)年5月、城東線（現・大阪環状線）が玉造駅まで開通し、分岐駅となった。ターミナル駅としては、明治33(1900)年に大阪馬車鉄道（現・阪堺電気軌道）、南海鉄道（現・南海電気鉄道）天王寺支線が開通、さらにその後は大阪市電の路線も集まってきた。大正12(1923)年には、大阪鉄道（2代目、現・近鉄南大阪線）の大阪天王寺（現・大阪阿部野橋）駅も開業した。

　昭和4(1929)年、和歌山方面に延びる阪和電気鉄道（現・JR阪和線）の天王寺駅が開業した。この阪和電鉄は一時、南海線の一部となったが、昭和19(1944)年に国有化されている。

　こうした歴史から、天王寺の駅と名称などはかなり複雑な構造、状況になっている。JRと大阪市営地下鉄（御堂筋線・谷町線）では天王寺駅だが、阪堺電気軌道は天王寺駅前駅、近鉄は大阪阿部野橋駅の名称を使用している。

古地図探訪　天王寺駅付近

現在の天王寺駅の駅ビルとなっている天王寺MIO、あべのハルカスやあべのキューズタウンといった大型のビル、商業施設が誕生するはるか前の天王寺駅周辺の姿である。国鉄駅は終着駅（ターミナル）としての色合いが強く、幹線道路上には大阪市電の線路があり、南に延びる南海（現・阪堺電軌）上町線の軌道も見える。駅の北西、茶臼山町方面には天王寺公園が広がり、美術館、音楽堂などがある。
一方、南西には大阪市立医科大学（現・大阪市立大学医学部）のキャンパスと大阪市立大学（医学部付属）病院がある。駅の北側には、四天王寺に付属していた施設「悲田院」の存在を受け継ぐ町名が残っている。

▲天王寺駅
超高層ビルのあべのハルカスが誕生するなど、生まれ変わったような風景を見せるJR天王寺駅の駅ビル周辺。

▲天王寺駅の大阪環状線ホーム
天王寺駅に発着する大阪環状線の列車は11～14・17・18番線のホームを利用している。これは12番線の内回りの始発電車。

昭和29年

◀天王寺公園付近
緑豊かな空間が広がる天王寺公園。大人も子供も楽しめる天王寺動物園のほか、旧住友家の庭園である慶沢園や大阪市立美術館などの施設があり、河底池も含まれている。

▲近鉄の大阪阿部野橋駅
大阪の新名所となったあべのハルカス、近鉄百貨店阿倍野本店のビルと一体化している大阪阿部野橋駅。近鉄南大阪線の起点である。

昭和49年

▲ディーゼル特急キハ81「くろしお」

紀勢本線に直通する列車であり、当時、紀伊半島を一周して名古屋へ行く運用もあった。その後、西線側の電化で天王寺～新宮間の電車特急に転身。JR化後は京都・新大阪発着となる。

撮影：岩堀春夫

平成17年

▲阪和線の103系

223・225系の台頭が目立つ阪和線でありながら、103系も主役に近い脇役として現在も活躍中。同じ4扉車の205系も阪和線に姿を見せる。

撮影：岩堀春夫

現在

▲阪和線の205系

昭和63年に前面窓が大型化された205系1000番台が投入され、JR京都線・JR神戸線から転属した205系および103系とともに現在も活躍している。

現在

▲ウグイス色の201系

チョッパ制御の省エネ電車の201系は大和路線やおおさか東線でも活躍中。前面に白の警戒帯が入る。

新宮夜行を引き継ぐ列車

大阪環状線では紀州路快速や特急くろしおなど阪和線・紀勢線（きのくに線）に直通する列車が多く運行されているが、1日1本のみ夜間帯を走る長距離普通列車が設定されている。これは新大阪発御坊行き快速で梅田貨物線を経由し天王寺から阪和線に入る「くろしお」と同じルートを辿る列車である。そもそも、今は無き「新宮夜行」の面影を偲ぶ列車であり釣り客の利用も多かったため「いそつり列車」とも呼ばれた。当時は国鉄急行型車両の165系を使用していた。後に紀伊田辺、さらには御坊までと区間が短縮され、汽車旅の雰囲気から通勤列車に装いが変化してしまった。現在は225系が運用に就き大阪環状線内の停車駅は西九条、弁天町、大正、新今宮、天王寺である。

阪堺電気上町線 昭和48年

この当時は南海電鉄の路線であり、上町線のほか平野線も運行していた。天王寺駅前の賑やかな様子はいまと変わらない。

撮影：岩堀春夫

庶民の暮らしの足、上町線 現在

関西圏ではただひとつ残った路面電車の阪堺電気軌道。写真はモ701形で現在の主力車両。昨今、日本一終電の早い駅がある路線で有名になったが、その区間の住吉～住吉公園間は平成28年1月で廃止される。

南海天王寺支線 昭和51年

天下茶屋と天王寺を結んでいた南海天王寺支線は平成5年に廃止された。廃止後、近年まで架線柱や線路は放置されていたが、平成26年ごろ、すべて撤去された。

撮影：岩堀春夫

近鉄百貨店阿倍野店 昭和32年

大鉄百貨店から発展した近鉄百貨店は昭和32（1957）年、地上7階、地下2階の近代的なデパートに生まれ変わった。

所蔵：上野又勇

天王寺駅前交差点 昭和42年

谷町筋と玉造筋が交わる天王寺駅前交差点。右奥に見えるのは、昭和37（1962）年に完成した天王寺駅ビル（天王寺民衆駅）。

所蔵：上野又勇

Shinimamiya St. / Imamiya St.
新今宮・今宮

「十日戎」で有名、今宮戎神社最寄り駅
今宮駅は明治期、新今宮駅は昭和に開業

【新今宮駅】

所在地	大阪府大阪市浪速区恵美須西3－17－1
ホーム	2面4線（高架駅）
乗車人員	62,143人
開業年	昭和39(1964)年3月22日
キロ程	10.0km（大阪起点）

【今宮駅】

所在地	大阪府大阪市浪速区大国3－13－13
ホーム	3面4線（2層式）（高架駅）
乗車人員	4,039人
開業年	明治32(1899)年3月1日
キロ程	8.8km（大阪起点）

昭和37年
撮影：野口昭雄

昭和41年
所蔵：上野又勇

▲今宮駅廃止反対運動のポスター

芦原橋駅と新今宮駅の開設で、一時は廃止の危機に見舞われた今宮駅。廃止に反対する住民たちの運動によって翌年に白紙撤回された。

▶今宮駅懐かしの風景

当時は大阪環状線のホームがなく、関西本線のみが停車していた今宮駅。なお、今宮～新今宮間は大阪環状線と関西本線の重複区間だが、新今宮～天王寺間は関西本線の複々線という扱いで大阪環状線はこの間が途切れている。つまり、正式路線区間は山手線と同様に一周していないことになる。

現在

▶今宮駅東口

平成6年から9年にかけて、大阪環状線と関西線のホームが高架化され、新駅舎が誕生した今宮駅。改札口は1ヵ所である。

現在

▶新今宮駅のホーム

2番線ホームにやってきたのは、阪和線に入る223系の関空・紀州路快速列車。

　「十日戎」「福むすめ」などで知られる大阪を代表する神社のひとつ、今宮戎神社。その最寄り駅として、明治32(1899)年3月、当時の西成郡今宮村（のちに今宮町、大阪市に編入）に開業したのが今宮駅である。その後、昭和39(1964)年3月、約1.2km離れた東側（天王寺寄り）に新今宮駅が開業し、現在ではこの駅がJR線における今宮戎神社の最寄り駅となっている。

　開業当時の今宮駅は、大阪鉄道の駅であり、隣駅は天王寺、湊町（現・JR難波）だった。国有化されて関西線の駅となったのちの昭和3(1928)年、同線の貨物支線として今宮・大阪港間が開業。この路線は昭和36(1961)年に大阪環状線の一部となり、現在では大阪環状線と関西線の分岐点となっている。

　一方、新今宮は昭和39年の開業時、大阪環状線単独の駅であった。昭和41(1966)年12月、南海の新今宮駅が開業し、連絡駅となった。昭和47(1972)年3月からは、関西線の列車も停車するようになった。

　現在、新今宮駅は大阪市営地下鉄の動物園前駅や恵美須町駅、南海電鉄の今宮戎駅、阪堺電軌阪堺線の新今宮駅前駅とともに、大阪の観光名所の代表格、通天閣や新世界の最寄り駅となっている。

南海新今宮駅ホーム 〔現在〕

昭和41（1966）年に開業した南海の新今宮駅。高野線と南海本線の列車が停車し、3面4線ホームを持つ高架駅となっている。

新今宮駅 〔現在〕

南海の新今宮駅開設で、昭和41（1966）年に連絡駅となったJRの新今宮駅東口。反対側の西口（3階）で、南海線と連絡している。

南海新今宮付近 〔昭和60年〕

廃止直前の1000系「四国」号、和歌山港行き。6両編成のクロスシート車であったが、乗車時間が1時間ほどだったため、トイレの設備はなかった。

撮影：岩堀春夫

新今宮駅ホーム風景 〔昭和57年〕

2面4線構造の新今宮駅。右側の列車は奈良に向かう関西線の113系快速。左は王寺からきた普通の湊町行き101系。大阪環状線は両外側のホームを使用。

撮影：岩堀春夫

古地図探訪　新今宮・今宮駅付近

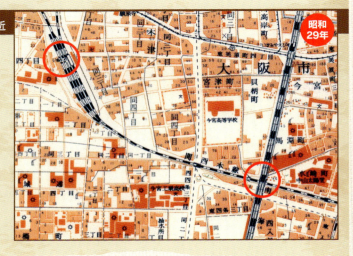

〔昭和29年〕

　関西本線と同貨物支線（現・大阪環状線）が分岐する今宮駅が地図の左上（北西）に見えるが、現在、南海本線の東側にある新今宮駅はまだ開業していない。地図の北側はほとんどが住宅地となっている一方、南西側には工場の地図記号が点在している。

　また、東側の水崎町には、化粧品メーカーの中山太陽堂（現・クラブコスメチックス）の本社と工場があった。関西線の北側には大阪府立今宮高等学校、南側には今宮工業（現・今宮工科）高校がある。現在は南西に中高一貫校の大阪市立新今宮小学校・今宮中学校が誕生している。

Ashiharabashi St.
芦原橋
あしはらばし

鼬川に架かる
橋に由来、昭和41年開業
駅西側で、南海高野線の芦原町駅に連絡

所在地	大阪府大阪市浪速区浪速東1－3－22
ホーム	2面2線（高架駅）
乗車人員	5,366人
開業年	昭和41(1966)年4月1日
キロ程	8.2km（大阪起点）

現在

昭和41年

所蔵：上野又勇

⬆芦原橋駅
開業を待つ芦原橋駅の出札口。20円・30円・40円という料金別の自動券売機が設置されている。左手奥には駅長室のドアが見える。

現在

⬆芦原橋駅
芦原橋駅の駅舎は、三角形に似た形になっており、その角の部分に南口が開かれている。外壁の色は、北口とは異なる茶色である。

▶芦原橋付近の201系
JR東日本では201系が消滅したが、関西地区では現在も大阪環状線、JRゆめ咲線、大和路線、おおさか東線などで活躍中。

◀芦原橋駅北口
芦原橋駅は日本の鉄道駅として、最初に身体障害者用のエレベーターが設置されたことで知られる。これは北口の改札口付近。

現在

　芦原橋駅は、お隣の新今宮駅開業の2年後、昭和41(1966)年4月に開業した。「芦原橋」の駅名は、鼬川に架かっていた橋の名に由来する。現在は埋め立てられた鼬川は、七瀬川と一緒になって木津川に合流する川で、芦原橋のほかにも芦舟橋、芦柳橋といった「芦」の名がつく橋が存在していた。芦原橋駅の所在地は、浪速区浪速東一丁目であるが、駅の北側には「芦原」の地名が存在する。また、駅の北西には紡績工場の跡地を利用して造られた芦原公園がある。

　駅の西側、駅名の由来となった芦原橋交差点は、かつての大阪市電の幹線ルート・あみだ池筋の終点である。また、ここには阪堺電鉄の芦原橋駅があり、昭和19(1944)年に大阪市電に買収されるまで、堺市の浜寺駅までを結んでいた。なお、このあみだ池筋の名は、途中で脇を通る北堀江の寺院、和光寺に由来する。この寺は境内の池の浮御堂に阿弥陀如来を祭り、「あみだ池」の名で庶民の信仰を集めた。

　このあみだ池筋を挟んだ駅の西側、約200m離れた場所には、南海高野（汐見橋支線）線の芦原町駅が置かれており、芦原橋線との連絡駅となっている。この芦原町駅は大正元(1912)年11月、高野登山鉄道の仮駅として開業し、大正3(1914)年に駅に昇格した。

湊町リバープレイス

かつての湊町（現・JR難波）駅の貨物ヤード跡地には、平成14（2002）年、ライブハウス「なんばHatch」を核とした複合施設、湊町リバーサイドプレイスがオープンした。ここは、道頓堀川を航行する水上観光船が発着する湊町船着場に隣接し、FM大阪が本社を構えている。

独特のダイヤモンドのような形が目印となる湊町リバープレイス。

湊町船着場からは道頓堀川の水上観光船を利用して、水都を巡ることができる。

平成20年
撮影：岩堀春夫

◀南海汐見橋支線

汐見橋と岸里玉出を結ぶ路線だが通称名であり、正式名称は南海高野線である。現在は都心の中にあるローカル線で利用者も少ない。写真は大阪環状線と交差する芦原町付近。

現在

▲快速運用の225系

大阪環状線の電車の他に「大和路」「紀州路・関空」の各快速が走り、データイムでは芦原橋、今宮、野田の各駅は通過する（直通快速・区間快速は停車）。

🚶 古地図探訪　芦原橋駅付近

現在は阪神高速15号堺線が地図中央を南北に貫いており、JRの芦原橋駅、南海の芦原町駅周辺の風景は大きく変化している。この当時、大阪環状線はまだ臨港貨物線の一部で、芦原橋駅も開業していなかった。一方、南北に走るあみだ池筋を市電が通っていた。その東側のなにわ筋は、まだ現在のようには整備されていない。地図上には、工場の地図記号が点在するものの、そのほとんどは姿を消した。

駅の西側、大浪橋の南側には現在、市営大浪橋住宅、芦原公園が存在している。なにわ筋の東側、塩草町方面には大阪市立塩草立葉小学校、難波中学校が誕生している。

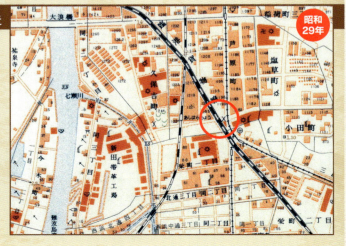
昭和29年

Taisyou St.

大正
たいしょう

橋は大正期に誕生、
駅は昭和36年開業
平成9年、京セラドーム大阪最寄り駅に

所在地	大阪府大阪市大正区三軒家東1－8－18
ホーム	2面2線（高架駅）
乗車人員	22,891人
開業年	昭和36(1961)年4月25日
キロ程	7.0km（大阪起点）

昭和45年

所蔵：上野又勇

🔺**大正駅前**
大正通の上を通る大阪環状線のガード。その下を自転車に乗る人、トラックが走る。右手には、駅前酒場ののれんが掛かった居酒屋がある。

現在

🔺**大正駅に停車している紀州路快速225系**
JR西日本の最新鋭フラッグシップ車。使用線区については0番台が東海道・山陽線系統で5000番台は阪和線系統。また6000番台は福知山線で活躍している。

現在

◀**大正駅のガード**
かつては大阪市電が走っていた大正通を渡る大阪環状線の高架ガード。右手奥は、大正橋の交差点、大正橋となる。

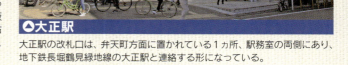

現在

🔺**大正駅**
大正駅の改札口は、弁天町方面に置かれている1ヵ所、駅務室の両側にあり、地下鉄長堀鶴見緑地線の大正駅と連絡する形になっている。

　大阪環状線の中で、大正区に存在するただひとつの駅が、この大正駅である。駅の北には、木津川に架かる大正橋があり、この大正橋から伸びる大正通が西側を走っている。

　「大正」の名称をもつ区や橋、駅のうち、最も早い誕生は大正4(1915)年に竣工した大正橋である。大阪24区のひとつ、大正区は昭和7(1932)年に、港区から分区して成立した。当初、新しい区の名称は「新港区」が有力だったが、募集投票では「大正橋区」が多く、最終的に「大正区」になった。

　国鉄の大正駅は昭和36(1961)年4月、大阪環状線の誕生時に開業した。それ以前、この地区の人々の足は大阪市電やバスであり、大阪市内各地との間を結んでいた。その後、平成9(1997)年8月、市営地下鉄長堀鶴見緑地線に大正駅が開業して、JR線との連絡駅となった。

　この大正駅は、プロ野球・オリックス・バファローズの本拠地、京セラドーム大阪（大阪ドーム）へのJR線の最寄り駅として知られている。北西にあるこの球場へは駅の西口を出て、大正橋か岩崎橋を渡ることになる。京セラドーム大阪は、平成9(1997)年、大阪ガスの工場跡地に開業し、人気歌手のコンサート会場などにも利用されている。

昭和戦前期

▲ 大正橋
地名・駅名の由来となった木津川に架かる大正橋。大阪環状線の開通前、この地域の人々の足となっていた千日前通りを行く大阪市電が走っていた。

古地図探訪　　大正駅付近

　木津川上に架かる千日前通の橋が大正橋であるが、その北側には西道頓堀川から岩崎運河、尻無川に変わる流れがあり、大正橋の西詰に岩松橋が架かっている。両橋の上には、それぞれ大阪市電が走っていた。大正橋の下流には、国鉄の橋梁、大浪橋が架かっている。この橋梁の西側に昭和36（1961）年、大正駅が誕生する。岩松橋の下流には岩崎橋があり、この橋の上にも大阪市電が走っている。

　地図上には、ところどころに工場の地図記号が見えるが、こうした工場のうち、最大のものが左上（北西）の西区岩崎町にある大阪瓦斯の工場である。現在、ここに「京セラドーム大阪」が誕生している。

昭和45年

▲ 大正駅の101系
大阪環状線は都心部を走る路線でありながら、大阪鉄道時代の遺構が残っていたり、貨物線や専用線の廃線跡を随所に車窓から望んだりすることもできる。

昭和29年

大正駅付近の俯瞰

巨大な京セラドーム大阪や大正橋を中心にして、尻無川や木津川が流れる大正駅付近。奥には、安治川や大阪湾も見え、水のある豊かな風景が広がっている。

現在

大阪市北区 / 大阪市都島区 / 大阪市城東区 / 大阪市中央区 / 大阪市天王寺区 / 大阪市浪速区 / 大阪市大正区 / 大阪市港区 / 大阪市此花区 / 大阪市福島区

Bentencho St.
弁天町
べんてんちょう

交通科学博物館は、鉄道ファンの聖地
弁天様を祀る、新田開発の会所が由来

所在地	大阪府大阪市港区波除3-11-6
ホーム	2面2線（高架駅）
乗車人員	31,692人
開業年	昭和36(1961)年4月25日
キロ程	5.2km（大阪起点）

大阪環状線開通の記念式典（昭和36年）
4月25日10時30分より新たに開業した弁天町駅前の特設会場で開催され、約3000人が集まったという。同駅にて祝賀電車の発車式も行われた。
撮影：野口昭雄

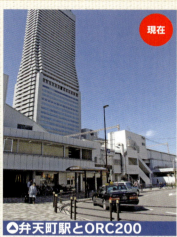

弁天町駅とORC200（現在）
弁天町駅に設置されているタクシー乗り場。背景に建つ再開発施設「ORC200（オークにひゃく）」は地上51階、高さ200mを誇る。

弁天町駅前（昭和36年）
大阪環状線開通、駅開業の喜びに湧く弁天町駅前の人々。右奥に見えるのは、市営地下鉄中央線弁天町駅の高架ホーム。
所蔵：上野又勇

弁天町付近（平成8年）
大正との区間で223系と国道172号線が交差する。奥に見えるのは建設中のドーム球場。
撮影：岩堀春夫

　大阪環状線が最も海（西）側に張り出した場所に置かれているのが、この弁天町駅である。弁天町駅の付近には駅名の由来となった「弁天」の地名が存在し、この地に市岡新田が開かれた折、新田の会所に弁天像が祭られたことから誕生した地名である。
　弁天町駅の開業は、大阪環状線が全通した昭和36(1961)年4月である。その8ヵ月後の12月には、市営地下鉄中央線の大阪港・弁天町間が開通し、連絡駅となった。開業時には、すでに岡山県の芸備線に市岡駅が存在しており、広く知られていた付近の地名「市岡」を採用することができず、現在の「弁天町」の駅名となった。

　弁天町駅は、平成26(1914)年4月まで存在した「交通科学博物館」の最寄り駅として、大人にも、子どもにも親しまれてきた。この博物館は当初、「交通科学館」の名称で、大阪環状線全通記念事業として計画され、昭和37(1962)年1月に開館した。国鉄時には日本交通公社に運営を委託していたが、国鉄民営化後はJR西日本に受け継がれ、平成2(1990)年に「交通科学博物館」に改められた。しかし、設備の老朽化などで閉館し、ほとんどの機能は、平成28(2016)年春に京都・梅小路蒸気機関車館を拡張する形でオープンする「京都鉄道博物館」に受け継がれる。

平成25年

🔺 **283系特急電車**
JR西日本が開発した振り子式の特急。以前は「くろしお」「スーパーくろしお」「オーシャンアロー」の列車名があったが、現在は「くろしお」に統一されている。

撮影：岩堀春夫

昭和44年

🔺 **交通科学館**
なつかしい蒸気機関車や客車が屋外に展示されていた交通科学（博物）館。昭和37（1962）年に開館し、平成2（1990）年に交通科学博物館に改称。平成26（2014）年に閉館した。

昭和63年

🔺 **近鉄7000系**
地下鉄中央線九条付近を走る近鉄の車両の乗り入れ車。地下鉄の規格に合わせたので、車体の形も色も近鉄らしくない。

撮影：野口昭雄

昭和戦前期

▶ **市岡パラダイス**
大正14（1925）年にオープンした市岡パラダイスは、劇場やアイススケート場、動物園などを備え、東洋一の高さを誇る遊園地の飛行塔が売り物だった。

🚶 古地図探訪

弁天町駅付近

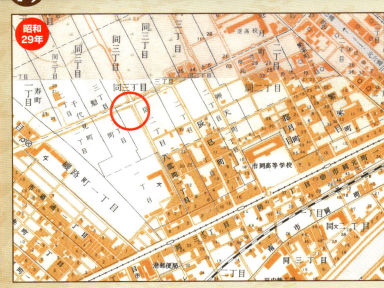

昭和29年

　この大阪環状線の開通前の地図では、阪神高速16号大阪港線（中央大通）、17号西大阪線も開通していないため、目印となるものが少ない。その中では、南側を走るみなと通と、その北側に存在する大阪府立市岡高等学校（旧・市岡中学校）が弁天町駅の場所を知る目印となる。
　地図の南西を走る貨物線はこのあと、市岡高校の南西でゆるやかにカーブを描きながら北に向かう路線が建設されて大阪環状線の一部に変わり、市岡高校の北西に弁天町駅が置かれることになる。また、大阪市電が走るみなと通の南側には港区役所、大阪港郵便局が存在している。市岡高校の西側に見える「文」の地図記号は、大阪市立市岡中学校である。

Nisikujyou St.
西九条
にしくじょう

明治31年開業、
JR桜島線との分岐点
昭和39年から、阪神線西九条駅と連絡

所在地	大阪府大阪市此花区西九条1-32-18
ホーム	2面3線(高架駅)
乗車人員	26,355人
開業年	明治31(1898)年10月1日
キロ程	3.6km(大阪起点)

現在

▶西九条駅
大阪環状線が開業し、桜島線との連絡駅となった西九条駅。地上駅時代、夕暮れの改札口付近の光景で、左奥にはレトロな跨線橋が見える。

◀西九条駅
JR西九条駅の改札口は1ヵ所で、阪神の西九条駅の東西口駅舎と連絡している。駅の構造は島式ホーム2面3線を有する高架駅である。

昭和36年

撮影:荻原二郎

昭和戦前期

現在

◯西九条駅
ユニバーサルシティ駅に向かう桜島線(JRゆめ咲線)との分岐点となっている西九条駅。阪神西大阪線も延伸でなんば線と変わり、連絡駅の重要性は増している。

◀九条新道
かつては川口居留地や松島遊郭などの存在があり、「西の心斎橋筋」といわれる賑わいを見せていた九条新道の商店街。安治川を渡ると西九条駅方面に至る。

　大阪の新名所となったユニバーサル・スタジオ・ジャパン(USJ)の最寄り駅であるユニバーサルシティ駅には、この西九条駅で分岐する桜島線(ゆめ咲線)で向かうことになる。また、阪神なんば線の西九条駅との連絡駅となっている。

　明治31(1898)年10月、すでに開通していた西成鉄道の野田〜安治川口間の新駅として開業したのが、この駅の始まりである。当時は、西九条駅から先の弁天町方面への路線は存在せず、60年以上を経た昭和36(1961)年4月、境川信号所までの区間が開通したことで、弁天町・天王寺方面と結ばれた。このときに西成線から大阪環状線、桜島線に路線の名称も変えられている。

　しかし、大阪環状線が開通しても、まだ乗り換えは必要で、昭和39(1964)年3月、駅の高架化とともにようやく環状運転が開始された。

　阪神の西九条駅は昭和39(1964)年5月、大物駅から延びる旧・伝法線が千鳥橋駅から延長される形で開業した。このとき、名称も西大阪線に改められたが、平成21(2009)年、さらに大阪難波駅まで延伸し、阪神なんば線と改称された。この阪神線の西九条駅は、JR線を跨ぐ構造で造られている。

　「西九条」の駅名、地名の由来は江戸時代に「九条島」が安治川によって分断され、西側の部分がこの名になったとされている。

昭和35年

◐日用品売りのリヤカー

亀の子たわしや竹ほうきなど、かつてはどこの家にもあった日用品を売り歩いていた商人のリヤカー。奥の家並みには、竹すだれが掛かっている。

撮影：小林昭夫

昭和45年

◀103系ラッピング車

平成13年

西九条付近を走る「パワーオブハリウッド号」。この当時、他にもスパイダーマンやウッディー・ウッドペッカーなどを模した103系ラッピング車も活躍した。

撮影：岩堀春夫

▶阪神西九条駅

大阪環状線・JRゆめ咲線の高架橋を乗り越せる高さで建設された西九条駅。旧・伝法線を千鳥橋駅から延伸する形で開業し、西大阪線と改称された。その後、平成21年に大阪難波駅まで開通して阪神なんば線となり、近鉄と乗り入れを開始した。

現在

⬆西九条駅の横丁

高架上を走る大阪環状線の列車とガード下に続く歩道を歩く男性。どこにでもあった大阪の街の風景で、左手には居酒屋ののれんが見える。

所蔵：上野又勇

🚶 古地図探訪

西九条駅付近

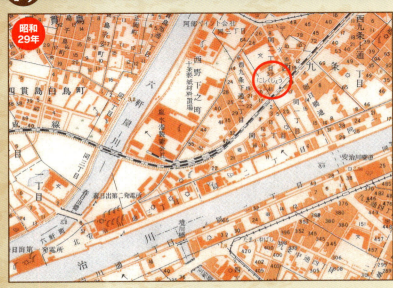

昭和29年

安治川と六軒屋（家）川が合流する地点の東北に西成線（現・大阪環状線）の西九条駅があり、さらに西成線（現・桜島線）は西側に延びている。一方、弁天町方面への路線（現・大阪環状線）はまだ開通していない。

駅の西側には、阿部ペイント会社、十条製紙材料置場、塩水港製糖会社などの工場、倉庫が存在していたが、現在は咲くやこの花中学・高校、此花スポーツセンターなどに変わっている。咲くやこの花中・高は平成20（2008）年に中高一貫校として開校している。また、日本を代表する総合塗料メーカーのひとつ、大日本塗料株式会社は、現在も六軒屋川に架かる朝日橋のたもとに本社を置いている。

Noda St.
野田
のだ

野田川、野田村の昔、「野田城跡」あり
明治31年、西成鉄道開通時に駅が誕生

所在地	大阪府大阪市福島区吉野3-1-12
ホーム	1面2線（高架駅）
乗車人員	11,843人
開業年	明治31(1898)年4月5日
キロ程	2.4km（大阪起点）

昭和45年

◀野田駅の懐かしい光景

当駅から大阪市場駅まで貨物線が分岐していたが、昭和59年に廃止され、廃線敷は野田緑道と呼ばれる遊歩道となった。

所蔵：上野又勇

▼野田付近の103系

201系の入線を機に一時は大阪環状線から撤退かと思われた103系であるが、その後の転用計画の見直しにより、現在も森ノ宮電車区に在籍している。

現在

◀野田付近
左から225系
201系
683系

梅田信号場から単線となって南下してきた梅田貨物線は福島付近で大阪環状線と合流し、西九条まで単線+複線の3線が並ぶ配線となる。

平成19年

撮影：岩堀春夫

　「野田」を冠した駅は、JRとともに阪神電鉄にもある。しかし、両駅の距離は500m離れており、乗り換えには適していない。大阪市営地下鉄では、阪神の野田駅付近に千日前線の野田阪神駅が存在し、JRの野田駅のすぐ北東には同線の玉川駅がある。なお、阪神の野田駅はJR東西線の海老江駅とも隣接している。

　JRの野田駅は明治31(1898)年4月、西成鉄道（現・大阪環状線、桜島線）の大阪〜安治川口間の開通時に福島駅とともに中間駅として開業した。明治39(1906)年12月、西成鉄道が国有化されて、国鉄の駅となった。

　この野田駅南側の安治川沿いには、昭和6(1931)年から、大阪市中央卸売市場本場が存在している。この市場には、昭和6年から昭和59(1984)年まで、国鉄の貨物駅である大阪市場駅が置かれており、野田駅から貨物支線が延びていた。

　「野田」の地名の由来は不詳だが、安治川の下流付近には古くから「野田川」「野田洲」が存在し、やがて、漁村である野田村に発展した。

　また、室町時代後期には野田城が存在し、石山本願寺、織田信長方の両軍が、お隣の福島城とともに攻防を繰り返す場となった。現在、玉川四丁目には「野田城跡」の石碑が建てられている。

◀ 大阪市中央卸売市場

野田駅の南側、安治川沿いに広がっている大阪市中央卸売市場本場。西成線（現・大阪環状線）貨物支線の大阪市場駅もあり、大阪の台所を支えてきた。

▼ 野田駅

島式ホーム1面2線の高架駅である野田駅。改札口は高架下の1ヵ所だったが、現在はTSUTAYA野田店に直結する改札口ができている。

昭和29年

▲ 大阪市中央卸売市場

地面を埋めるようにスイカが並んだ大阪市中央卸売市場の風景。かつての大阪はスイカの名産地で、奈良や京都でも作られていた。

撮影：小林昭夫

現在

🚶 古地図探訪　野田駅付近

　地図の右下(南西)に見える大阪市中央卸売市場に延びる貨物線があったころの野田駅周辺の地図である。北側には、福島区役所、福島警察署が並んで見えるが、現在、区役所は北港通の反対側に移転している。駅西側に見える大仙寺は、浄土真宗本願寺派の寺院で、その北側には吉野町公園、吉野町運動場が開場している。その南西に見える「文」の地図記号は、大阪市立野田中学校である。
　この時期、吉野町、大開町方面には工場の存在を示す地図記号が多く存在する。その多くがマンションや団地、流通センターなどに変わったが、現在もレンゴー淀川工場などが存在している。

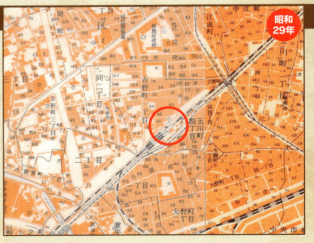

昭和29年

大阪市北区　大阪市都島区　大阪市城東区　大阪市中央区　大阪市天王寺区　大阪市浪速区　大阪市大正区　大阪市港区　大阪市此花区　大阪市福島区

Fukushima St.

福島
ふくしま

JR・阪神の両駅が
明治30年代に誕生
大宰府に向かう菅原道真が「福島」命名

所在地	大阪府大阪市福島区福島7-1-3
ホーム	1面2線（高架駅）
乗車人員	25,623人
開業年	明治31（1898）年4月5日
キロ程	1.0km（大阪起点）

平成6年

撮影：岩堀春夫

▲福島駅に到着する103系

大阪駅の隣に位置する福島駅。近接してJR東西線の新福島駅が平成9年に開業したが、乗り換え駅とはみなされていない。阪神の福島駅も近く、京阪中之島駅も徒歩で行ける。

現在

▲福島駅

なにわ筋（大阪府道41号大阪伊丹線）の上のガード上にホームが続く福島駅。改札口はこの高架下の1ヵ所である。

平成26年

▲体質改善された103系

ループ運転50周年のヘッドマークを付けた高運転台の103系。同時期には201系も同様にヘッドマークを付けていた。

▼桜島線直通の101系

福島駅を発車する桜島行き。この当時の桜島線直通の利用者は少なく、特定の乗客が主に利用した。

昭和52年

撮影：岩堀春夫

　大阪駅の西側の隣駅である福島駅は、明治31（1898）年4月、西成鉄道（現・大阪環状線、桜島線）の大阪～安治川口間の開通時に野田駅とともに中間駅として開業した。

　明治38（1905）年4月、阪神電鉄の福島駅が開業して連絡駅となった。この阪神の福島駅は昭和20（1945）年に営業休止となり、昭和23（1948）年に営業を再開した。平成5（1993）年、駅付近の路線が地下化され、従来の地上駅から100m南側の国道2号（阪神国道）地下に移転した。西成鉄道は明治39（1906）年12月に国有化され、福島駅も国鉄の駅となった。現在は阪神の駅の南西の地下に、JR東西線の新福島駅が誕生している。

　「福島」の駅名、地名の由来は、菅原道真が福岡の大宰府に行く途中、大阪湾にあった島のひとつ（餓鬼島）に立ち寄り、「福島」と命名したといわれる。その後、このあたりは藤の花の名所として知られるようになり、豊臣秀吉も訪れたという。江戸時代には、上福島・下福島の2つの村が成立し、明治30（1897）年に大阪市に編入され、北区の一部となった。その後、此花区を経て、昭和18（1943）年に福島区が誕生している。

平成16年

▲福島付近の貨物列車
吹田市の吹田貨物ターミナルから梅田信号場を経由し、福島を経て西九条に至るのが、大阪駅を通らない梅田貨物線である。「くろしお」「はるか」もこの線を利用する。

現在

◀関空特急「はるか」281系
福島付近の踏切風景。関西空港の開港により、京都・大阪からのアクセス特急として運転開始。「はるか」という列車名は関空からはるか世界各国へのイメージであろうか。

▼福島駅付近
左手に国鉄の福島駅が見え、その奥には阪神高速11号池田線が延びる。右にある阪神の福島駅(地上)は平成5(1993)年に移転、地下駅となった。

古地図探訪　福島駅付近

北から、東海道線、西成線(現・大阪環状線)、阪神電鉄本線が見えるが、現在では阪神線は地下化され、国道2号の下を走っている。また、阪神高速11号池田線が開通し、福島出入口、梅田出入口が開設されており、周辺の風景は大きく変わっている。

地図の南東には堂島川に架かる田蓑橋があり、その北の中央電話局・電報局は現在、NTTDATA堂島ビル、NTTテレパーク堂島第1・2ビルに変わっている。その南西に見える大阪大学(医学部付属)病院は、大阪中之島合同庁舎、朝日放送本社などになっている。福島駅の南側には、「上天神」の地名が見えるが、この付近に福島天満宮が鎮座している。

昭和29年

昭和51年

所蔵:上野又勇

大阪市北区　大阪市都島区　大阪市城東区　大阪市中央区　大阪市天王寺区　大阪市浪速区　大阪市大正区　大阪市港区　大阪市此花区　大阪市福島区

Ajikawaguchi St. / Universal City St. / Sakurajima St.

安治川口・ユニバーサルシ

明治31年、桜島線と安治川口駅誕生
平成13年、USJの最寄り駅が開業

【安治川口駅】

所在地	大阪府大阪市此花区島屋6－1－101
ホーム	1面2線
乗車人員	12,075人＊平成23年
開業年	明治31(1898)年4月5日
キロ程	2.4km（西九条起点）

【ユニバーサルシティ駅】

所在地	大阪府大阪市此花区島屋6－2－28
ホーム	2面2線
乗車人員	26,105人
開業年	平成13(2001)年3月1日
キロ程	3.2km（西九条起点）

【桜島駅】

所在地	大阪府大阪市此花区桜島1－2－5
ホーム	1面2線
乗車人員	8,271人＊平成24年
開業年	明治43(1910)年4月15日
キロ程	4.1km（西九条起点）

昭和60年

撮影：岩堀春夫

▲桜島駅
現在の桜島駅より約250m北の位置あったころの閑散とした風景。現在、平成13年に開業したユニバーサルシティ～桜島間はシェルターで覆われる形となった。

現在

▶101系ラストの勇姿
昭和36年に投入された101系も写真撮影年に引退した。JR西日本では最後の使用路線であり、最後のオレンジ色の101系でもあった（桜島～安治川口間）。

平成3年
撮影：岩堀春夫

◀ユニバーサルシティ駅
テーマパークの玄関口にふさわしく、帆船をイメージした大きな屋根が設置されているユニバーサルシティ駅。建築家の安藤忠雄の設計。

桜島線は、明治31(1898)年4月、西成鉄道により大阪～安治川口間が開通し、安治川口駅が開業した。このときには、のちに大阪環状線との分岐点となる西九条駅は設けられていなかったが、同年10月に開業している。

この鉄道路線は、野田駅付近から南西へ安治川の北側を走っていく。明治38(1905)年4月、安治川口～天保山間が延伸し、天保山駅が開業した。なお、このときに駅名となった天保山は、安治川を隔てた対岸（南側）に位置している。

明治43(1910)年4月、この安治川口～天保山間の路線が廃止され、新たに安治川口～桜島間が開通して、桜島駅が開業した。昭和36(1961)年4月、大阪環状線の開通で分離され、現在の桜島線となった。

桜島駅は昭和41(1966)年3月、旧・天保山駅付近に移転したが、さらに平成11(1999)年4月、ユニバーサル・スタジオ・ジャパン（USJ）の建設に合わせて位置を変えている。

一方、このUSJの建設に合わせて、平成13(2001)年3月、新駅のユニバーサルシティ駅が開設された。また、JRゆめ咲線の愛称が使用されるようになった。安治川口駅を起点にして、大阪北港駅に向かう貨物支線が昭和18(1943)年から昭和57(1982)年まで存在した。

ティ・桜島

▶北港運河橋梁 昭和51年
この北港運河はUSJが開園する5～6年前に埋め立てられた。写真の可動橋も運河埋め立て後しばらく残っていたが、現在はその面影が全くない。
撮影：岩堀春夫

◀安治川口駅 現在
平成11(1999)年に橋上駅舎に変わった安治川口駅。島式ホーム1面2線を持つ地上駅で、改札口は1ヵ所である。

▲安治川の源兵衛渡し 昭和30年
明治時代から地元の人々が利用していた「安治川の源兵衛渡し」。昭和19(1944)年に安治川トンネルが完成し、廃止された。
撮影：小林昭夫

▲桜島駅 現在
曲線の屋根を持つモダンな駅舎に生まれ変わった桜島駅。USJの従業員も利用するようになり、乗降者数も増加している。

古地図探訪

安治川口・ユニバーサルシティ・桜島駅付近 昭和29年

北の正蓮寺川、南の安治川に挟まれた場所に安治川口、桜島の2駅が置かれている。このころは汽車製造会社、住友金属工業製鋼所（現・新日鉄住金）の工場が広がっていたが、汽車製造は川崎重工業と合併、移転した。現在は、その南西にユニバーサル・スタジオ・ジャパンがオープンし、その窓口となるユニバーサルシティ駅が開業している。

また、桜島(JRゆめ咲)線の経路も変更されて、桜島駅の場所も移転している。地図中央下の部分に見える北港運河も姿を消している。北側に延びていた貨物支線、大阪北港駅は昭和57(1982)年に廃止され、阪神高速2号淀川左岸線、さらに5号湾岸線が誕生している。

47

昭和33年

湊町駅
移転する前、地上駅だった頃の湊町（現・JR難波）駅。中央のホームにSL牽引の旅客列車が停車している。この頃は貨物営業も行われており、広い構内を有していた。

撮影：中西進一郎

湊町駅

関西本線の始発駅である湊町駅は明治22（1889）年、大阪鉄道の湊町駅として開業した古い歴史をもつ。その後、関西鉄道が継承し、さらに国鉄の駅となり、平成元（1989）年に現在地に移転した後、平成6（1994）年に現駅名に改称。平成8（1996）年に地下駅となった。

難波（なんば）の名称をもつ駅は地下鉄、南海、近鉄（大阪難波）にも存在するが、その中では最も西側にあり、近鉄や南海の難波駅とはかなり距離が離れている。

昭和48年

撮影：野口昭雄

電化開業式
関西本線沿線は急速にベッドタウン化が進み乗客の増加で3扉の通勤輸送対応のキハ35系では、さばききれず、昭和48年に奈良まで電化された。

昭和53年

関西線の101系
電化後、快速運用の113系とともに普通電車には101系が投入された。ラインカラーは若草山をイメージしたウグイス色で前面に黄色の警戒色の帯を施した。

撮影：高野浩一

昭和60年

提供：産経新聞社

湊町駅の構内
地上駅だった頃の湊町駅。明治以来、名古屋方面と結ぶ関西線の始発駅らしく、広い貨物駅も備えていた。

第2部
北大阪急行・御堂筋線

大阪ばかりでなく、日本を代表する地下鉄路線として、80年以上の長い歴史を歩んできた大阪市営御堂筋線。現在では新大阪、梅田、淀屋橋、心斎橋、なんば(難波)、天王寺など大阪を代表するホットタウンを結んでいる。また、北大阪急行電鉄は昭和45(1970)年に開業し、大阪万博開催時には会場への足となった。2つの路線は江坂駅で連絡し、相互直通乗り入れを実施している。

撮影：野口昭雄

西中島南方を発車して新大阪に向かう四角い車体がトレードマークの大阪市営地下鉄御堂筋線の30系。北大阪急行の千里中央まで直通する。

Senrityuuou St.
千里中央
せんりちゅうおう

所在地	大阪府豊中市新千里東町1-5-4
ホーム	1面2線（地下駅）
乗降人数	91,240人
開業年	昭和45（1970）年9月14日
キロ程	0.0km（当駅起点）

昭和45年に誕生、北大阪急行の終着駅
平成2年開業、大阪モノレール駅に接続

現在

◬ **千里中央駅**
北大阪急行の千里中央駅は、地元では「せんちゅう」と呼ばれている。地上部分は専門店街「せんちゅうパル」と一体化している。

平成5年

◬ **千里中央付近**
千里中央付近を走るなかもず行きの列車。沿線にもマンションが増え、高いビルも目立つようになった。
撮影：野口昭雄

▽ **千里中央付近、北大阪急行**
自動車道路の新御堂筋とともに千里中央付近に伸びる北大阪急行電鉄南北線。規則正しく配置された団地の間をすり抜けるように走る姿がある。

現在

◁ **千里中央駅で発車を待つ**
昭和61年に登場した北大阪急行の8000系「ポールスター」。車体はアルミ製であり、平成8年までに10両編成7本が増備された。

平成15年

　北大阪急行南北線の終点である千里中央駅のすぐ南側には、大阪モノレール（大阪高速鉄道）の千里中央駅が存在する。また、千里中央インターチェンジが置かれており、北大阪急行線とともに北上してきた新御堂筋線（国道423号）と、東西に走る中国自動車道、中央環状線が交わる、大阪市北郊における交通の要地となっている。

　千里中央駅は、日本万国博覧会（大阪万博）開催時の昭和45（1970）年2月、仮設駅で開業した。万博開催時には、北大阪急行の会場線がここから万国博中央口駅まで延びており、仮設駅も現在よりも南側に置かれていた。万博閉幕後の同年9月14日、会場線が撤去され、現在の駅が正式に開業した。かつての仮設駅の場所には現在、中国自動車道が通っている。

　大阪モノレールの千里中央駅は平成2（1990）年6月に開業した。当時はこの千里中央駅が終点駅だったが、平成6（1994）年9月、柴原駅まで延伸し、途中駅となっている。

　「千里中央」の駅名は、千里ニュータウンの中心駅であることを示している。かつては「千里（ちさと）」と呼ばれていた千里丘陵だが、昭和30年代から千里ニュータウンが開発され、全国的にも知られるようになり、大阪万博の開催で世界的にも有名になった。駅周辺には、千里阪急ホテル、千里阪急（百貨店）、千里大丸プラザなどの施設がある。

▲大阪モノレール
平成2（1990）年に千里中央〜南茨木間が開業した大阪高速鉄道大阪モノレール線。その後、大阪空港、門真市へ延伸している。

古地図探訪　　千里中央駅付近

　この千里中央駅が置かれているのは豊中市新千里町一丁目であり、駅周辺には、新千里北町、同南町、同西町、同東町と「新千里」を東西南北に分けた町名が見える。駅の南側には、中央環状線、中国自動車道と新御堂筋（国道423号）を結ぶ千里インターチェンジがあり、その南東に「上新田」という三島郡新田村の名称を受け継ぐ地名が残っている。

　「上新田」の文字の左（西）にある「鳥居」の地図記号は、千里の氏神といわれる上新田天神社である。また、南西の新千里南町に存在する「文」の地図記号は豊中市立第九中学校で、その西側には平成19（2007）年、大阪府立千里青雲高校が開校している。

▲千里セルシー
昭和47（1972）年、千里中央駅前にオープンした複合商業施設。ショッピングモールのほか、イベント会場としても地元民に親しまれてきた。

▼万国博中央口駅に到着する大阪市営地下鉄
大阪万博開催中に設けられた仮設路線の終点。背後には高さ70メートルの「虹の塔」がそびえる。

撮影：J.WALLY HIGGING

Momoyamadai St. / Ryokutikouen St.
桃山台・緑地公園

みどり豊かな服部緑地が、駅名の由来
桃の花が咲く台地、「桃山公園」が存在

【桃山台駅】

所 在 地	大阪府吹田市桃山台5-1-1
ホーム	1面2線(地上駅(橋上駅))
乗降人数	38,434人
開業年	昭和45(1970)年2月24日
キロ程	2.0km(千里中央起点)

【緑地公園駅】

所 在 地	大阪府豊中市東寺内町18-1
ホーム	2面2線(地上駅)
乗降人数	32,333人
開業年	昭和50(1975)年3月30日
キロ程	4.0km(千里中央起点)

昭和56年

◀桃山台駅ホーム
大阪万博輸送を支え、開業時から活躍していた2000系。車体にやや丸みがあり、窓下にマルーンの帯を巻いている。

昭和61年

◀桃山台~千里中央間
千里中央を発車して最初の停車駅の桃山台を目指すあびこ行き10系。

昭和61年

▶桃山台駅付近
桃山台付近を走るあびこ行きの列車。背景の千里中央側には大規模な団地、商業ビルが建ち並んでいる。

　桃山台駅は昭和45(1970)年2月に開業した。当時の隣駅は江坂駅と万国博中央口駅であった。この万国博中央口駅は、同年3~9月に開催された大阪万博のための臨時駅(会場線に所属)で、9月14日に廃止された。現在はこれに代わり、千里中央駅が隣駅となっている。

　「桃山台」の地名、駅名の由来は不詳だが、堺市や神戸市にも同様の地名があり、桃の木のある台地(丘、山)が存在したから生まれた、と推測される。駅所在地を含む周辺には、吹田市桃山台の地名があり、東側には桃山公園が広がる。園内には、春日大池があり、その周囲には約1キロの遊歩道、竹林が設けられている。また、桃山台駅の南西には北大阪急行の車両基地、桃山台車庫が置かれている。

　一方、豊中市に広がる大阪府営服部緑地の最寄り駅となっているのが、北大阪急行南北線の緑地公園駅である。この駅は、北大阪急行南北線の開通から遅れること5年、昭和50(1975)年3月に開業した。

　「服部緑地」の地名、この駅名の由来となった服部緑地は、広さが約126ヘクタール(甲子園球場の約33倍)で、「日本の都市公園100選」に選ばれている。広い園内には、都市緑化植物園、日本民家集落博物館、乗馬センター、野外音楽堂、テニスコートなどがある。

🔺緑地公園駅 現在
住宅地の一角に置かれている緑地公園駅の地上出入口。右奥には、北大阪急行電鉄の本社ビル（緑地駅ビル）が見える。

🔺桃山台駅 現在
桃山台駅は新御堂筋南千里ランプの真下に置かれている。地上出入り口は、南北の2カ所に設けられている。

古地図探訪　桃山台・緑地公園駅付近

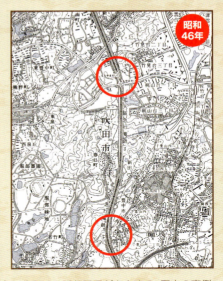
昭和46年

新御堂筋の上を走る北大阪急行電鉄南北線は、この付近では主に吹田市を走る。しかし、緑地公園駅付近では、豊中市が東に張り出した形になっている。この地図上には、駅の存在は記されていないが、駅の所在地は豊中市東寺内町で、「北大阪急行電鉄」の「電」の文字付近に設置されている。その西側には緑と水の豊かな服部緑地が広がり、北西には服部霊園が存在する。園内の東側、駅に近い部分には、野外音楽堂が設置されている。

一方、北に見える桃山台駅の南東には大きな池が見え、現在は桃山公園として整備されている。駅の南東側は「桃山台」、北東側は「竹見台」と植物に関連した地名がつけられている。

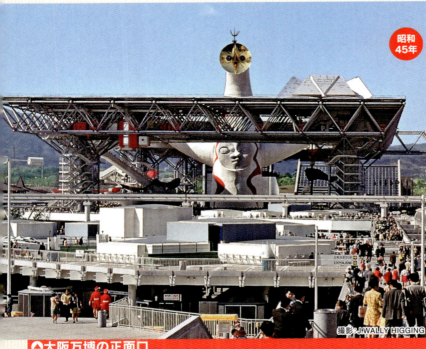
🔺大阪万博の正面口 昭和45年
「人類の進歩と調和」をテーマに掲げて、世界の人々が千里丘陵にやってきた大阪万国博覧会の正面ゲート。太陽の塔が顔を出す。

🔺大阪万博会場のモノレール 昭和45年
大阪万博の期間中、会場を周る運転が行われていたモノレール線。

🔺大阪万博のミニモノレール 昭和45年
大人も子どもも楽しんだ大阪万博の遊園地、エキスポランドのミニモノレール。

Esaka St. / Higashimikuni St.
江坂・東三国
えさか・ひがしみくに

江坂は昭和45年開業、大阪市外駅は初
淀川区に東三国駅、阪急宝塚線に三国駅

【江坂駅】

所在地	大阪府吹田市豊津町9
ホーム	1面2線（高架駅）
乗降人数	81,965人
開業年	昭和45（1970）年2月24日
キロ程	御堂筋線0.0km（当駅起点） 南北線5.9km（千里中央起点）

【東三国駅】

所在地	大阪府大阪市淀川区 東三国1-33-6
ホーム	1面2線（高架駅）
乗降人数	34,763人
開業年	昭和45（1970）年2月24日
キロ程	御堂筋線2.0km（江坂起点） 南北線7.9km（千里中央起点）

昭和47年

新御堂筋江坂架道（高架）橋
江坂駅付近から緑地公園方面に延びる北大阪急行の高架線。地上部分には新御堂筋の自動車線があり、それをまたぐ名神高速道路の上をさらに跨ぐ形になっている。

所蔵：上野又勇

　昭和45（1970）年2月、大阪万博開始の1ヵ月前に御堂筋線の新大阪～江坂間が延伸し、この江坂駅が開業した。江坂駅は吹田市にあり、大阪市営地下鉄では大阪市外初の駅となった。また、このときに北大阪急行の江坂～万国博中央口間も開通し、相互直通運転が開始されている。

　「江坂」の駅名、地名の由来は、「榎坂」と記された平安時代の東寺の荘園である。明治時代には豊島郡榎坂村が置かれ、昭和15（1940）年、吹田市の一部となった。現在の江坂町は一～四丁目に分かれているが、駅の所在地は豊津町にあり、新御堂筋（国道423号）と内環状線（国道479号）が交差する場所に置かれている。この江坂は大阪の副都心的な要素を持ち、著名な企業の本社などが存在することでも知られる。

　東三国駅は同じく昭和45年2月、御堂筋線の江坂延伸時に開業した。当時は東淀川区に属していたが、現在は淀川区東三国一丁目にある。「（東）三国」の駅名、地名の由来は、神崎川が三国川とも呼ばれ、「三国島」という地名が生まれたことによる。明治43（1910）年、箕面有馬電気軌道（現・阪急）宝塚線の開業で三国駅が置かれ、現在は「三国本町」「東三国」「西三国」といった地名が存在している。

現在

△ 東三国駅に停車している最新車両30000系

東三国駅は、島式ホーム1面2線を有する高架駅。1番線になかもず行きの列車が到着した。フェンス越しに新御堂筋を走る自動車が見える。

現在

△ 江坂駅の自動券売機

接続駅らしく、大阪市営地下鉄と北大阪急行両線の自動券売機が並ぶ江坂駅の出札口。券売機の色は、黄と赤に区別されている。

現在

△ 江坂駅付近

歩道の花壇が美しく整備されている江坂駅付近の道路。吹田市中心部の江坂は、大阪市の副都心的機能を持っている。

🚶 古地図探訪　江坂・東三国駅付近

地図の中央部分を新御堂筋と地下鉄御堂筋線、北大阪急行電鉄南北線が南北に貫いており、蛇行する流れを見せる神崎川を挟んで、北側に江坂駅、南側に東三国駅が置かれている。また、東側には東海道線が通り、東三国駅の南東に東淀川駅がある。東西を走る道路では、江坂駅の南側を走る内環状線が見え、北側には名神高速道路が斜めに走っている。

江坂駅の北東、垂水町には、垂水神社が鎮座している。豊城入彦命を主祭神とするこの神社は、垂水ヶ岡から湧き出た水が流れる滝を神体とした水の神様といわれ、『万葉集』に収録されている志貴皇子による有名な和歌が詠まれた場所ともされている。

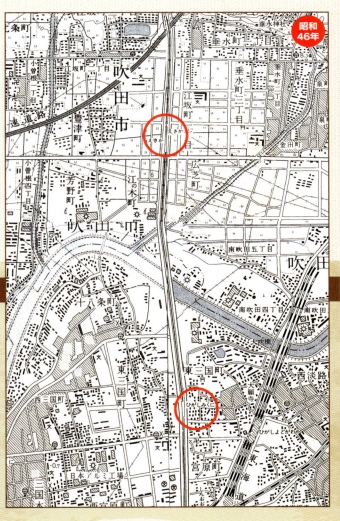

昭和46年

Shinosaka St.
新大阪
しん おお さか

昭和39年開業、
新幹線、東海道線連絡
東海道線は地上駅、地下鉄線は高架駅に

所在地	大阪府大阪市淀川区西中島5-15-5
ホーム	1面2線（高架駅）
乗降人数	133,746人
開業年	昭和39（1964）年9月24日
キロ程	2.9km（江坂起点） 8.8km（千里中央起点）

昭和41年

▲新大阪駅付近
東海道新幹線開業後間もない風景。写真の600形は昭和町さらに西田辺への延伸に備えるため昭和26年〜27年にかけて製造された。
撮影：野口昭雄

現在

▲新大阪駅南口
高架駅の新大阪駅は、地下鉄の駅らしくない構造になっている。ホームは3階で、この南口のほかに2階部分にも北口、中央口の改札が設けられている。

平成3年

◀新大阪駅
江坂方面からの30系なかもず行きが新大阪駅に到着。30系は平成5年に引退した。左側に停車しているのは当駅始発の10系。
撮影：岩堀春夫

昭和41年

▲新大阪駅
東海道新幹線のために開設された新大阪駅は新しい大阪の玄関口となったが、まだまだ駅周辺は未開発で、目立つ建物はなかった。
所蔵：上野又勇

　新大阪駅の誕生は昭和39（1964）年10月1日、東海道新幹線の東京〜新大阪間の開通による。国鉄（現・JR）の東海道新幹線、東海道線（在来線）の連絡駅の開業（10月1日）に先立ち、大阪市営地下鉄御堂筋線の新大阪駅が9月24日に開業した。

　御堂筋線の新大阪駅は当初、終着駅であったが、昭和45（1970）年2月、新大阪〜江坂間が開業し、途中駅となった。同様に東海道新幹線の新大阪駅も、昭和47（1972）年3月15日、山陽新幹線の新大阪〜岡山間が開通して途中駅となった。

　JRにおいても地上駅を持つ東海道線（在来線）と、高架駅を持つ新幹線が交差する構造の駅であるが、地下鉄の御堂筋線も地下駅ではなく、高架駅となっている。新御堂筋上を通る御堂筋線は、南北にほぼ並行する形で、東海道線の西側を走っており、新幹線ホームの下（西端）をくぐる形になっている。JRとの連絡駅として設置されたため、隣駅である西中島南方駅とは0.7km、東三国駅とは0.9kmとかなり短い。

　この新大阪駅は、淀川区と東淀川区の境界線付近に置かれている。東淀川区側には、阪急京都線と千里線が通っており、崇禅寺駅と柴島駅は至近距離に位置している。また、JR京都線の東淀川駅も近く（北側）である。

🔺連結部の転落防止柵

大阪市交通局ではニューヨークやシカゴの地下鉄車両視察を行い、車両の連結部に乗客の転落防止柵を取り付けた。

撮影：中西進一郎

🔺新大阪駅のホーム

新大阪駅の2番線ホームに停車している当駅止まりの列車。次の千里中央行きの列車を待つ人の姿がホーム上に見える。

🔻新大阪駅の特急「しおじ」と新幹線

昭和39（1964）年から運転が開始された特急「しおじ」。151系電車を使用して、新大阪〜下関間を結んでいた。右奥には新幹線が見える。

🚶 古地図探訪　　新大阪駅付近

　東海道本線と東海道新幹線が交わり、南東側には阪急京都線、千里山線（現・千里線）が通っている。ここに市営地下鉄御堂筋線が加わり、複数の鉄道線が入り組んだ形を成している。新大阪駅の西側には、長く国鉄・JRの車両基地だった宮原操車場（総合運転所）があり、現在はJR西日本網干総合車両所宮原支所になっている。

　駅の東側、柴島浄水場との間には曹洞宗の寺院、崇禅寺があり、阪急京都線の駅名にもなっている。この寺はキリシタンの女性として知られる細川ガラシャの菩提寺で、江戸時代には有名な仇討ちの舞台となった場所でもある。

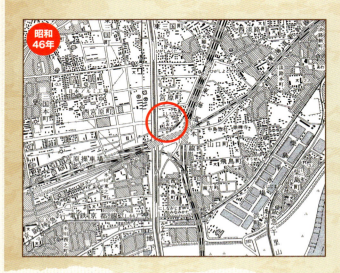

撮影：野口昭雄

Nishinakajimaminagata St. / Nakatsu St.
西中島南方・中津

西中島・南方の2つの地名合体で駅名
昭和39年に中津駅、阪急駅は大正から

【西中島南方駅】	
所在地	大阪府大阪市淀川区西中島1-12-10
ホーム	2面2線(高架駅)
乗降人数	59,685人
開業年	昭和39(1964)年9月24日
キロ程	3.6km(江坂起点) 9.5km(千里中央起点)

【中津駅】	
所在地	大阪府大阪市北区中津1-13-19
ホーム	1面2線(地下駅)
乗降人数	38,303人
開業年	昭和39(1964)年9月24日
キロ程	5.4km(江坂起点) 11.3km(千里中央起点)

昭和39年
撮影:J.WALLY HIGGINS

▲西中島南方駅
到着する両扉車の1201形。後方に見えるのは東海道新幹線の新大阪駅であり戦後復興と関西経済の盛り上がりを予見させる時代の一葉。

現在

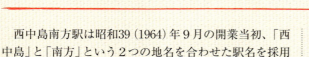

◀西中島南方駅 南口
阪急南方駅と連絡している西中島南方駅の南口。平成27(2005)年8月にエスカレーターが設置された。

▼中津駅
梅田に近いビジネス街に置かれている中津駅の地上出入口。阪急の中津駅とは約300m離れている。

現在

　西中島南方駅は昭和39(1964)年9月の開業当初、「西中島」と「南方」という2つの地名を合わせた駅名を採用したことで、話題となった。
　もともと、このあたりは神崎川と大川に挟まれた形から「中島」と呼ばれ、下流部の下中島の西南部が「西中島」となり、明治22(1889)年に西成郡西中島村が誕生。西中島町を経て、大正14(1925)年に大阪市の一部となった。一方、大字として「南方町」があり、こちらは北大阪電気鉄道(現・阪急京都線)開通時、現在の地下鉄駅の東側に「南方」駅が置かれている。2つの地名を推す案がある中で、両者を合体させてひとつにする形で、現在の駅名となった。

　一方、中津駅は同じく昭和39年9月の開業である。こちらにも先行する形で、阪急の中津駅が存在している。阪急の中津駅は、大正14(1925)年11月に開業し、現在は神戸線、宝塚線の駅となっており、京都線の列車はこの駅には停車しない。
　「中津」の駅名、地名の由来はこの地を流れていた淀川の支流、中津川で、その南岸に明治22(1889)年、西成郡中津村が誕生している。中津川は現在、新淀川の流路、河川敷となっている。また、中津村は明治44(1911)年に中津町となり、大正14年に大阪市に編入されて、東淀川区の一部となった。その後、大淀区の一部に変わり、現在は北区に属している。

昭和40年

撮影：野口昭雄

▲中津付近

江坂方面から淀川を渡り地下区間に進入する光景。大阪市営地下鉄では、堺筋線以外は第三軌条式で架線がないため被写体がスッキリして見える。

昭和45年

撮影：J.WALLY HIGGINS

▲阪神北大阪線

野田～天六間を結んでいた阪神北大阪線、国鉄貨物線の橋梁を渡る10号の電車。後ろに阪急の中津駅が見える。

現在

▲北大阪急行の最新型車両

ポールスターⅡと呼ばれる9000系は平成26年にデビューした。車体はステンレス製となり、先頭部は立体感がある。車内は伝統の木目調。

現在

▲新大阪止まりの電車

御堂筋線のダイヤでは、データイムは千里中央～なかもず間と新大阪～天王寺間の2本立ての列車運用で運行されている。

現在

▲新20系ステンレス車（21～25系）

平成2年から10年までに御堂筋線ほか谷町・四つ橋・中央・千日前の各線に登場した大阪市営地下鉄の主力車両。

古地図探訪　西中島南方・中津駅付近

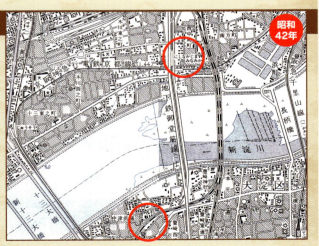

昭和42年

　新淀川を挟んで、ほぼ南北一直線に御堂筋線が走り、北側に西中島南方駅、南側に中津駅がある。一方、阪急京都線は、西中島南方駅付近に南方駅があるが、西側に大きく迂回して十三駅を経由、西側で新淀川を渡って中津駅にやってくる。

　こうした鉄道線の橋梁とともに、東側（上流）には天神橋筋が通る長柄橋、西側（下流）には十三筋、十三バイパスの十三大橋、新十三大橋が架かっている。現在、この新淀川の河川敷は、淀川河川公園として整備されている。北区側には、御堂筋を挟んで東側に豊崎神社、西側に富島神社が鎮座している。

Umeda St.
梅田
昭和8年、仮駅、単行運転からスタート
谷町線に東梅田、四つ橋線に西梅田駅が

所在地	大阪府大阪市北区角田町8－6
ホーム	1面2線（地下駅）
乗降人数	438,055人
開業年	昭和8(1933)年5月20日
キロ程	御堂筋線6.4km（江坂起点） 南北線12.3km（千里中央起点）

昭和51年

撮影：岩堀春夫

御堂筋線梅田駅
コートを着た通勤のサラリーマンであふれる梅田駅。新大阪方面への列車はすでに発車しており、右側のホームには天王寺行きの列車が停車中である。

昭和10年

梅田駅のホーム
昭和10年に開業した梅田駅の本駅ホーム。10月10日の開業のために撮影されたもので、ホームには梅田～心斎橋間の列車が見える。

昭和戦前

提供：大阪市交通局

梅田駅ホーム
御堂筋線の難波延長に合わせて開業した梅田駅の本駅ホーム。当初は単行運転だったが、昭和10(1935)年10月から2両編成となった。

梅田駅地上出入口
御堂筋に設置されていた地下鉄の地上出入口。「地下鉄梅田駅」と書かれた塔が目印の役割を果たした。

　大阪市営地下鉄の御堂筋線が開業した昭和8(1933)年5月、梅田～心斎橋間の起点である梅田駅は仮駅でのスタートとなった。また、このときは車両1両の単行運転だった。昭和10(1935)年10月6日、梅田駅の本駅が誕生し、30日に心斎橋～難波間が開通し、2両編成での列車運行が始まったのである。
　現在のJR線でも、明治28(1895)年、大阪環状線の前身である大阪鉄道城東線の玉造～梅田間が開通したときの駅名は「梅田」だったことはすでに述べた。また、同じ地下鉄の谷町線は「東梅田」、四つ橋線は「西梅田」と駅名は異なっている。さらに阪急、阪神でも「梅田」駅であることから、一般的にはこちらの駅名のイメージが強い。なお、阪神の梅田駅は当初、地上にあったが、昭和14(1939)年に地下駅となり、御堂筋線の梅田駅とは連絡が容易になった。
　梅田駅は長く起点駅であったが、昭和39(1964)年9月、東海道新幹線開通、新大阪駅開業に合わせるように梅田～新大阪間が開通し、途中駅となった。この梅田駅と東梅田駅、西梅田駅とは少し離れた場所にあり、改札外での乗り換えとなっている。

昭和30年

◁ 梅田の阪急前
大阪市電が走る梅田・阪急交差点前で、信号待ちをする人々。宝塚ファミリーランドで開催される「太平洋博」の看板が見える。

▽ 梅田、阪急前交差点
阪急前の交差点を歩く人々。和服にパラソル(日傘)姿の女性も見える。右奥には、いかめしい構えの曽根崎警察署が目を光らせていた。

所蔵:上野又勇

現在

△ 梅田、阪神前交差点
平成23(2011)年、五代目駅舎と大阪ステーションシティが開業した大阪駅が奥に見える。左奥の阪神百貨店梅田店も立て替え計画が進められている。

昭和33年

所蔵:上野又勇

🚶 古地図探訪

梅田駅付近

昭和29年

　現在では大阪駅周辺の広い地域で使われている「梅田」の地名であるが、住所として使われているのは、この地図上に見える国鉄駅の南西側である。この時期からすでに、東側から阪急ビル、阪神ビル、大阪中央郵便局という大きなビルがあった。阪急ビルの南側に地下鉄の東梅田、梅田の両駅、中央郵便局の南側に西梅田駅が存在し、3駅の距離は少しずつ離れている。
　現在、少し離れた南側に林立する大阪駅前第1〜4ビルはまだ建設されていない。駅前から御堂筋、四つ橋筋の2本の道路が延び、梅田新道、桜橋という大きな交差点が存在している。

Yodoyabashi St.
淀屋橋（よどやばし）

京阪線と連絡、
大阪市役所の最寄り駅
土佐堀川に架かる淀屋橋は、重要文化財

所在地	大阪府大阪市中央区北浜3-6-14
ホーム	1面2線（地下駅）
乗降人数	218,767人
開業年	昭和8（1933）年5月20日
キロ程	7.7km（江坂起点） 13.6km（千里中央起点）

昭和10年頃

▶ **淀屋橋駅ホーム**
右に梅田行き、左に心斎橋行きの単行列車が仲良く並んだ淀屋橋駅のホーム。昭和初期の開設駅らしく、アール・デコ風の照明が付けられている。

現在

▲ **淀屋橋駅のホーム**
アーチ屋根に独特の照明が釣り下がる淀屋橋駅のホーム。いま、2番線から新大阪行きの列車が出て行ったところ。

昭和30年頃

▶ **あびこ行き30系**
この当時から「あびこ」の表記はひらがなであった。あびこ近隣には阪和線「我孫子町」南海線「我孫子前」阪堺線「我孫子道」の各駅もある。

◀ **淀屋橋駅付近**
左に大阪市役所、右に日本銀行大阪支店が見える御堂筋の淀屋橋駅付近。手前に見えるのは昭和10（1935）年竣工の大江橋。

昭和61年

撮影：岩堀春夫

　大阪市役所の玄関口である淀屋橋駅は、昭和8（1933）年5月、御堂筋線の梅田（仮）～心斎橋間の開通時に誕生している。昭和38（1963）年4月、京阪電鉄の天満橋～淀屋橋間が延伸し、京阪の淀屋橋駅が同じく地下駅として開業し、連絡駅となった。一方で、昭和43（1968）年4月には、地上に存在していた大阪市電の電停が廃止されている。

　この「淀屋橋」の地名、駅名は土佐堀川に架かる橋の名に由来する。現在の橋は懸賞募集のデザインをもとに昭和10（1935）年に架橋されたもので、国の重要文化財に指定されている。

　梅田から南に延びる御堂筋は、堂島川（淀川）に架かる大江橋を渡り、続いて淀屋橋を渡り、中央区北浜に置かれた淀屋橋駅に至る。淀屋橋北の中之島側には大阪市役所、日本銀行大阪支店、中之島図書館、大阪市中央公会堂（中之島公会堂）など大阪を代表する施設・建物があり、大阪の「へそ」ともいうべき場所に位置する。その先の大江橋を渡れば、米相場で栄えた堂島となり、キタの中心地である梅田の入口「梅新（梅田新道）南」の三叉路に出る。橋名の「淀屋」とは、江戸時代に橋を管理していた豪商の名前で、同じ土佐堀川に架かる「常安橋」も、当主だった「淀屋常安」に由来する。

現在

淀屋橋

大阪市役所を背景に堂々たる構えを見せる淀屋橋。鉄筋コンクリート造りのアーチ橋で、大江橋とともに国の重要文化財に指定されている。

昭和31年

大江橋

昭和10（1935）年に完成した大江橋は、平成20（2008）年、国の重要文化財に指定された。右手には日本銀行大阪支店が見える。

所蔵：上野又勇

昭和34年

所蔵：上野又勇

淀屋橋駅付近の市バス

日本銀行大阪支店前の御堂筋には、行き交うボンネットタイプの市バスの姿が見える。電柱の下、リヤカーとともに座る老人の後ろ姿が印象的な1枚。

昭和30年

中之島のボート乗り場

家族連れや学生が列をなす中之島のボート乗り場。水都・大阪らしい市内中心部の風景で、二階建てのボート小屋もレトロな雰囲気を漂わせていた。

撮影：小林昭夫

古地図探訪

淀屋橋駅付近

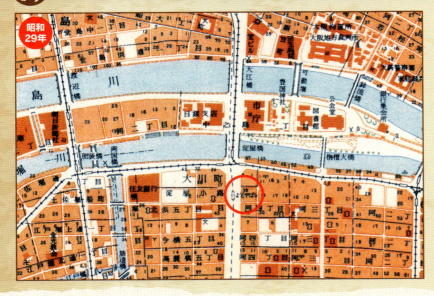

昭和29年

「八百八橋」として知られてきた大阪の街には多くの橋があるが、中でもこの淀屋橋周辺には、有名な橋が目立つ。土佐堀川に架かる淀屋橋、肥後橋、堂島川に架かる大江橋、渡辺橋がその代表である。

地図の中央付近、2つの川に挟まれた中之島には、中之島公会堂、中之島図書館、豊国神社、大阪市役所、日銀大阪支店、朝日新聞社など著名な施設、企業がある。この時期、京阪線は天満橋駅が起点であり、この淀屋橋周辺までは延伸していなかった。道頓堀川に注ぐ西横堀川は埋め立てられて、西国橋、筋違橋は姿を消している。

Honmachi St.
本町（ほんまち）

昭和8年開業、
四つ橋、中央線と連絡
本町筋が商都の中心地・船場を南北に

所在地	大阪府大阪市中央区船場中央4-1-6
ホーム	1面2線（地下駅）
乗降人数	213,840人
開業年	昭和8（1933）年5月20日
キロ程	8.6km（江坂起点） 14.5km（千里中央起点）

昭和10年頃

▲本町駅
心斎橋行きの列車が停車している本町駅のホーム。着物姿の男性乗客は、この時期の大阪らしい風景。屋根の形は、梅田や心斎橋と異なる角形である。

現在

▲本町駅付近の御堂筋
御堂筋のビル街を走るなんば行きの大阪市営バス。地下鉄御堂筋線とともに大阪市民の足となっている。

昭和61年

◀中央線の本町駅
コスモスクエア駅開業前、大阪港から来た長田行きの中央線。この年、近鉄東大阪線（現・けいはんな線）と相互直通運転が開始され、生駒まで乗り入れするようになった。

撮影：岩堀春夫

現在

▲本町ガーデンシティ
本町コアビルと有楽ビル跡地の再開発プロジェクトとして建設された本町ガーデンシティ。高層階にはセントレジスホテル大阪が入居している。

　本町駅は大阪市の中心部を東西に走る本町通を挟む形で、南北に走る御堂筋線と四つ橋線の地下ホームが存在する。また、その南側の中央大通に中央線の本町駅のホームがあり、御堂筋・四つ橋線を結ぶ形になっている。
　昭和8（1933）年5月、梅田（仮）～心斎橋間の開通時に御堂筋線の本町駅が開業した。昭和39（1964）年10月、中央線の弁天町～本町（仮）間が延伸し、本町駅が仮駅で開業した。その後、昭和40（1965）年10月、四つ橋線の西梅田～大国町間が延伸し、信濃橋駅が開業した。昭和44（1969）年、本町駅の本駅が開業し、信濃橋駅は本町駅と改称、御堂筋・四つ橋・中央の3線の接続駅となった。な

お、本町通と四つ橋筋の交差点が「信濃橋」であり、昭和40年代まで、西横堀川に架かる橋が存在した。
　この本町周辺は文字どおり、古くからの大阪の中心部で、中央区側に「本町」「南本町」のほかに「久太郎町」「備後町」など歴史のある地名が存在する。また、西区側には「立売堀（いたちぼり）」といったテレビドラマでおなじみとなった地名もある。しかし、最も有名な地名は、商都・大阪の象徴でもあった「船場」ではないだろうか。本町駅のある東側に南北に広がる地域が「船場」と呼ばれ、本町通が「北船場」と「南船場」を分ける境目になっている。

▶船場付近の輪タク

客待ちをする輪タク（自転車タクシー）の運転手がいる船場あたりの風景。日本でも昭和20年代から30年代前半にかけてみることができた。

昭和35年

所蔵：上野又勇

昭和44年

▲丼池付近の問屋街

大阪の商業の中心地、船場のなかでも、丼池筋には繊維問屋が集まっていた。「丼池」とは、明治初期まで存在した池の名である。

所蔵：上野又勇

昭和初期

▲建設作業中の地下鉄

御堂筋の本町付近で進められていた地下鉄御堂筋線の工事。右奥に美津濃（ミズノ）の本社ビルが見える。この当時はまだ、多くが人力に頼っていた。

提供：大阪市交通局

🚶 古地図探訪　本町駅付近

　御堂筋を境にして、東西の趣はかなり変わっている。東側の船場地区は、びっしりと家屋や商店で埋め尽くされて、学校の白い部分だけが目立つ。一方、西側には、西横堀川などの川が流れ、西側の阿波座・立売堀地区には地図上で白い部分が多く残っている。

　御堂筋の地下にある本町駅付近で目立つのは、本町通の北側にある「北御堂」、南側にある「南御堂」という２つの寺院である。北御堂は「浄土真宗本願寺派本願寺津村別院」、南御堂は「真宗大谷派難波別院」が正式な名称で、この御堂の存在から御堂筋の名称が誕生した。地図の左上（北東）には、「靭」を冠した地名が見える。

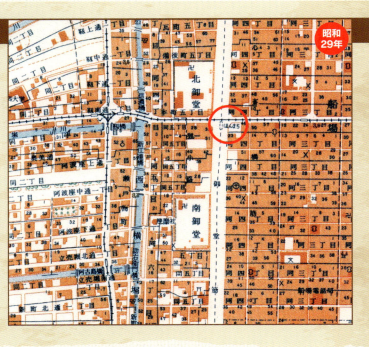

昭和29年

Shinsaibashi St.
心斎橋
しんさいばし

「心ブラ」で知られる大丸、そごうの地
岡田心斎が開削、長堀川に架かる橋から

所在地	大阪府大阪市中央区心斎橋筋1-8-16
ホーム	1面2線（地下駅）
乗降人数	177,582人（四ツ橋駅を含む）
開業年	昭和8（1933）年5月20日
キロ程	9.6km（江坂起点） 15.5km（千里中央起点）

昭和48年

昭和10年

▲心斎橋駅
なんば駅までの延伸が完成し、途中駅となる直前の心斎橋駅。ホームには、梅田～心斎橋間の看板をつけた列車の姿がある。

▲旧心斎橋の歩道橋
明治42（1909）年に架橋された石造りの心斎橋は、長堀川が埋め立てられたのち、昭和39（1964）年から歩道橋として使われていた。現在は撤去され、一部が復元されている。

現在

▶心斎橋駅のホーム
エスカレーターが整備された心斎橋駅の地下ホーム。新しい車両とともに、ホームや構内もリニューアルされつつあった。

◀心斎橋駅
御堂筋線心斎橋駅の2番線ホーム。昭和初期に誕生した古参駅ではあるが、リニューアルで美しい姿になっている。

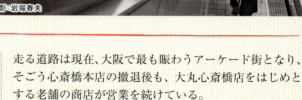

昭和61年

撮影：岩堀春夫

　「大丸」「そごう」という商都を代表する2つの老舗百貨店が存在した場所が、この心斎橋である。東京の「銀ブラ」に対して、大阪では、心斎橋を歩く「心ブラ」という言葉もあったほどである。
　「心斎橋」は、もとは長堀川に架かる橋の名称で、江戸時代初期から存在した。橋の名の由来は、長堀川を開削した4人のうちのひとり、岡田心斎の名による。なお、長堀川は昭和37（1962）年に埋め立てられ、橋は撤去された。
　この心斎橋を通る南北の道路が「心斎橋筋」となり、「島之内」と呼ばれる地域の中で、この道路の両側が「心斎橋筋」と呼ばれる地名となった。御堂筋のすぐ東側を走る道路は現在、大阪で最も賑わうアーケード街となり、そごう心斎橋本店の撤退後も、大丸心斎橋店をはじめとする老舗の商店が営業を続けている。
　御堂筋線の心斎橋駅は昭和8（1933）年5月、梅田（仮）～心斎橋間の開通時に終着駅として開業し、昭和10（1935）年10月、心斎橋～難波（なんば）間の延伸で、途中駅となった。平成8（1996）年12月、長堀鶴見緑地線の京橋～心斎橋間の開通で接続駅となり、西側に存在する四ツ橋駅とも連絡する形となった。長堀鶴見緑地線は平成9（1997）年8月、大正駅まで延伸し、途中駅となっている。

古地図探訪　心斎橋駅付近

東から、御堂筋、四つ橋筋、なにわ筋という南北3本の幹線道路が通っている。このうち、御堂筋、なにわ筋には市電の線路はなく、四つ橋筋だけに通っている。一方、御堂筋には点線で地下鉄の路線が示され、心斎橋駅が置かれており、その東側に十合、大丸の百貨店が見える。

まだ水が流れていた長堀川には、心斎橋のほかに、その形で有名だった四ツ橋が架かっている。文字どおり、四本の橋が正方形になっており、市電の交差点としても知られていた。また、昭和12（1937）年に竣工した大阪市立電気科学館は、日本で初めてプラネタリウムを導入した施設で、平成元（1989）年まで存在した。

◎心斎橋の大丸とそごう　昭和戦前期
街灯や中央分離帯などが美しく整備された御堂筋、心斎橋駅付近。右側には大丸、そごうという大阪を代表するデパートが並んでいた。

◎御堂筋線の車両　昭和10年
高速電気鉄道1号線（現・御堂筋線）の開通時に10両が製造された、大阪市電気局100形電車の101号。現在、105号が保存されている。

昭和29年

◁心斎橋駅、地上出入口　昭和戦前期
御堂筋に設けられた心斎橋駅の地上出口。左手奥には大丸とそごうの百貨店ビルが見える。長堀通を通る市電の姿もある。

提供：大阪市交通局

◎開通記念ポスター　昭和8年
高速地下鉄（御堂筋線）開通記念のポスター。梅田～心斎橋間を5分で結ぶことが売り物だった。

Nanba St.
なんば

ミナミ中心部の駅、道頓堀やNGKへ
昭和10年開業、南海、近鉄線に連絡

所在地	大阪府大阪市中央区難波1-9-7
ホーム	計2面2線(地下駅)
乗降人数	343,136人
開業年	昭和10(1935)年10月30日
キロ程	10.5km(江坂起点) 16.4km(千里中央起点)

▼なんば付近の大阪市電

なんば(難波)付近を走る大阪市交通局1801形電車。色とりどりの看板が背景に見える中、マカロニ・ウエスタンの映画「夕陽のガンマン」の広告がある。

撮影:J.WALLY HIGGING

昭和41年

　心斎橋からこのなんば(難波)駅にかけての一帯が、「キタ」と並ぶ大阪の繁華街「ミナミ」の中心部である。御堂筋線は南北を走る地下鉄線であり、このなんば駅を挟んで、東側には千日前線と近鉄の近鉄日本橋駅、西側には四つ橋線と近鉄の大阪難波駅、JRの難波(旧・湊町)駅が存在する。これに南海の始発駅、難波駅を加えて、大阪市の中心部のターミナルとなっている。
　昭和10(1935)年10月、御堂筋線の心斎橋～難波間の延伸により、難波駅が終着駅となった。なお、正式な駅名は「難波」で、現在は駅名表示などで「なんば」が使われている。昭和13(1938)年4月、難波～天王寺間が延伸し、途中駅となった。一方、昭和40(1965)年10月、同じく南北に走る四つ橋線の延伸時に開業した「難波元町」駅は、昭和45(1970)年3月、東西に走る千日前線の開通で、同線にも難波駅が誕生したことで、難波駅に統合。3つの線が連絡する形になった。
　「なんば」といえば、吉本新喜劇の本拠地であるお笑いの殿堂、なんばグランド花月や大阪松竹座、高島屋大阪店、歌謡曲に登場する法善寺(横丁)、道頓堀などさまざまな名所がある。また、かつてプロ野球、南海ホークスの本拠地だった大阪球場の跡地は、なんばパークスになっている。

昭和30年頃

道頓堀
色とりどりの看板が賑やかさを演出する道頓堀の飲食・商店街。独特の看板やキャラクターで売り出した「かに道楽」「くいだおれ」などの名店でも有名になった。

昭和10年

難波駅
昭和10（1935）年10月、延伸・開業を直前に控えた難波（なんば）駅のホーム。現在は単式ホーム1面2線であるが、開業当初は島式ホーム1面2線となっていた。

昭和31年
撮影：小林昭夫

難波付近の御堂筋
難波交差点付近から南海ビル（高島屋百貨店、南海難波駅）がある南方向の御堂筋を望む。この当時は高いビルはなく、建物の屋上には広告塔があった。

古地図探訪　なんば駅付近

御堂筋の南端に高島屋大阪店、南海難波駅、大阪球場が縦に並んでいる地図である。その東側、堺筋には松坂屋大阪店が見えるが、その後に閉店して現在は存在しない。高島屋の北側には、大阪歌舞伎座があったが、昭和33（1958）年に閉座となり、千日デパートになった後、プランタンなんばを経て、現在はビックカメラなんば店が入るエスカールなんばに変わっている。

また、道頓堀の南側には、「浪速五座」と呼ばれた芝居小屋（劇場）のうち、角座、松竹座、浪花座が残っている。こうした劇場、演芸場（映画館）のうち、現在は大阪における歌舞伎、松竹新喜劇の本拠地として、大阪松竹座が興行を続けている。

昭和29年

豊中市｜吹田市｜大阪市淀川区｜大阪市北区｜大阪市中央区｜大阪市浪速区｜大阪市西成区｜大阪市阿倍野区｜大阪市住吉区｜堺市北区

高島屋大阪店屋上から見た戎橋筋商店街

昭和33年

ミナミの中心繁華街のひとつ、戎橋筋商店街を南側から見た姿。戎橋筋は、道頓堀川に架かる戎橋からこの難波駅(高島屋)前まで伸びており、多くの人が行き交う。

撮影:小林昭夫

戎橋と道頓堀

道頓堀川に架かる戎橋は、北の心斎橋筋と南の戎橋筋を結ぶ「架け橋」となっている。このあたりの風景は現在、大きく変わっている。

昭和戦前期

道頓堀川の戎橋

手前を流れる道頓堀川に架かる戎橋。奥には戎橋筋が続いている。右側には有名だったグリコ看板、雪印バターの広告塔が見える。

昭和41年

太左衛門橋

道頓堀川に架かる太左衛門橋は、昭和に入っても木橋のままで残っていたが、昭和33（1958）年に架け替えられた。

昭和27年

南地大和屋

きれいどころ（芸妓）がずらりと並んだ南地大和屋の表口。明治10（1877）年創業の老舗料亭で、著名人にも愛された店だった。

昭和戦前期

昭和27年

千日前・なんば付近俯瞰

千日前交差点に堂々たる姿を見せていた当時の大阪歌舞伎座を中心に千日前、なんば付近の街並みを俯瞰する。中央やや上の南海ビル（高島屋大阪店）から左上に南海線が伸び、左手奥には大阪球場がのぞく。

提供：朝日新聞社

豊中市 | 吹田市 | 大阪市淀川区 | 大阪市北区 | **大阪市中央区** | 大阪市浪速区 | 大阪市西成区 | 大阪市阿倍野区 | 大阪市住吉区 | 堺市北区

Daikokucyo St.
大国町
だいこくちょう

昭和13年開業、御堂筋、四つ橋線連絡
大国主神社から「大国」の地名、駅名

所在地	大阪府大阪市浪速区敷津東3-11-10
ホーム	島式2面4線(地下駅)(四つ橋線を含む)
乗降人数	26,825人
開業年	昭和13(1938)年4月21日
キロ程	御堂筋線11.7km(江坂起点) 南北線17.6km(千里中央起点)

昭和61年

▲大国町駅ホーム
島式ホーム2面4線を有する駅で大阪市営地下鉄の乗り換え駅では、唯一同一平面上の構造。御堂筋線が四つ橋線を挟み込む配置になっている。

撮影：岩堀春夫

現在

▲敷津松之宮
摂社の大国主神社が大阪市民の信仰を集め、「木津の大国さん」として親しまれている敷津松之宮。境内にはこの地域を開発した木津勘助の像もある。

▶大国町交差点
御堂筋と四つ橋筋が合流した先、国道26号の大国交差点の地下に置かれている大国町駅。2本の地下鉄線の乗り換え駅でもある。

現在

◀大国町駅のホーム
御堂筋線が4番線、四つ橋線が3番線にやってきた、乗り換えが便利な大国町駅のホーム。同様に反対方向は1、2番で乗換えが可能である。

現在

　淀屋橋からなんば(難波)まで、中央区を走ってきた御堂筋線は、御堂筋からはずれて西側の四ツ橋筋に進路を変え、さらに南に進む。浪速区で最初、唯一の駅が大国町駅である。駅の北東には、浪速区役所が存在する。
　大国町駅は昭和13(1938)年4月、御堂筋線のなんば(難波)～天王寺間の延伸時に開業した。昭和17(1942)年5月、四つ橋線の大国町～花園町間が開通し、連絡駅となった。四つ橋線は昭和40(1965)年10月、西梅田駅まで延伸し、途中駅となっている。現在の駅の構造は、島式ホーム2面4線を有しており、1・4番線を御堂筋線、2・3番線を四つ橋線が使用している。

　「大国町」の駅名の由来となったのは、駅北側にある「敷津松之宮・大国主神社」である。神功皇后が三韓征伐から帰国したときに海岸に3本の松を植えて、素戔嗚尊を祀ったことが起源とされ、延享元(1744)年に出雲大社を勧請して、摂社の大国主神社が建てられた。この神社は、今宮戎神社などとともに大阪の人々の信仰を集め、「大阪七福神」のひとつに数えられている。なお、道頓堀川に架かる大黒橋は、この神社への参詣道であることからその名が付けられた。
　また、「大国」の地名は、浪速区に大国1～3丁目として存在し、大阪市立大国小学校などがある。

古地図探訪　大国町駅付近

　四つ橋筋（国道26号）には名阪国道（国道25号）と交わる大国町交差点があり、南海高野線には今宮戎駅が置かれている。大国町交差点の北東には、大阪市立敷津小学校があり、さらに北東に木津市場が見える。現在は民営の卸売市場、大阪木津卸売市場として、スーパー銭湯、食材店、飲食店などを備えた全国有数の規模を誇る。その北側には、浪速区役所がある。

　一方、北西には「大国町」の地名、駅名の由来となった（敷津）松之宮社、大国主神社が存在する。また、卸売市場の名称「木津」はこの一帯の古くからの地名で、北西側には木津川を開削した土木技術者、木津勘助の名をとった「勘助町」も見える。

昭和29年

上六界隈

　近鉄の前身である大阪電気軌道（通称・大軌）は大正3（1914）年、奈良に至る鉄道の起点となる上本町駅を開業した。大正15（1926）年には、現在の上本町駅の場所にターミナルビルである大軌ビルを開業した。このビルは増築されて大軌百貨店ができ、これが現在の近鉄百貨店上本町店に発展した。駅のホームも増設されるが、大阪線と奈良線が分離され、昭和45（1970）年には奈良線ホームが地下化された。

　駅ビル自体も昭和44（1969）年に現在の南部分に駅ビル新館が誕生。4年後には北半分を含む新駅ビルが完成した。その後、都ホテル大阪、近鉄劇場が開業するなど再開発事業が進み、平成21（2009）年には駅名を大阪上本町駅に改称している。

近鉄上本町駅前。高度成長期以降、付近は近鉄のターミナル駅として周辺には商業施設が建ち並ぶ繁華街となっていった。

現在の近鉄大阪上本町駅ビル。平成22（2010）年には、南側に「上本町YUFURA」もオープンした。

大軌ビルは開業当時、私鉄最大のターミナルビルで、大阪市内各所からその姿を見ることができたという。（昭和戦前期）

Doubutuenmae St.
動物園前
どう　ぶつ　えん　まえ

所在地	大阪府大阪市西成区太子1-6-12
ホーム	2面2線（地下駅）
乗降人数	24,651人
開業年	昭和13(1938)年4月21日
キロ程	12.9km（江坂起点） 18.8km（千里中央起点）

昭和13年開業、天王寺動物園最寄り駅
昭和44年、堺筋線が開通し、連絡駅に

▲ 動物園前駅通路の壁面
大阪市天王寺動物園の最寄り駅にふさわしく、サバンナに暮らすシマウマが描かれた動物園前駅の壁面。

◀ 動物園前駅
派手な外観の飲食店ビルを背景にした動物園前駅の1号（地上）出入口。大阪のディープな繁華街・新世界の最寄り駅である。

▲ 新世界と通天閣
料理店・映画館・パチンコホールが建ち並ぶ新世界。大きな提灯や看板が客を呼び込んでいた。奥には通天閣がのぞく。

　動物園前駅は昭和13（1938）年4月、御堂筋線の難波（なんば）〜天王寺間開通時に開業した。昭和44（1969）年12月、堺筋線の天神橋筋六丁目〜動物園前間が開業し、接続駅となった。堺筋線は平成5（1993）年3月、動物園前〜天下茶屋間が延伸し、途中駅となっている。

　「動物園前」の駅名は、この駅が大阪市天王寺動物園の最寄り駅であることを示している。また、天王寺公園にある大阪市立美術館や慶沢園、新世界、通天閣の最寄り駅でもある。

　御堂筋線は、大国町駅を過ぎてしばらくすると、東向きに方向を変え、国道25号の下を走り、天王寺公園、大阪市天王寺動物園の南側を通ることになる。

　天王寺動物園は、東京の上野動物園などと並び、日本を代表する歴史の古い動物園で、大正4（1915）年に開園した。また、その前史として、府立大阪博物場にあった付属動物檻の存在があり、動物を引き継いだ歴史がある。この動物園では開園当初、春と夏に「夜桜開園・納涼開園」として、夜間の開園を実施していた。太平洋戦時下の昭和20（1945）年の大阪大空襲では焼夷弾が落下し、多くの動物の生命が失われた歴史もある。なお、当初の名称は「大阪市立動物園」だったが、昭和39（1964）年に現在の名称になった。

▲天王寺動物園のゾウ

昭和25(1950)年、大阪市立動物園(現・大阪市天王寺動物園)に戦後初めて来園した春子、ユリ子のアジアゾウ。

◀二代目通天閣

昭和31(1956)年に完成した二代目通天閣。初代の通天閣は昭和18(1943)年に延焼火災で失われていた。

▼新世界ルナパーク

左手には初代通天閣、右手にはホワイトタワー(白塔)がそびえる新世界ルナパーク。2つの塔を結ぶロープウェイも造られた。

古地図探訪   動物園前駅付近

ほぼ南北に走る南海高野線、阪堺電軌阪堺線と東西に走る国鉄の関西線。その南側に同じ東西に走る御堂筋線の点線が見え、動物園前駅が置かれている。一方、その南側を斜めに横切る南海天王寺線は、天王寺〜天下茶屋間を結んでいたが、地下鉄堺筋線の開通などの影響で、平成5(1993)年に廃止された。

駅の北側には、大阪市電の天王寺車庫があり、化粧品メーカー、中山太陽堂(現・クラブコスメチックス)の工場が存在した。市電の車庫は昭和42(1967)年に廃止され、複合娯楽施設「フェスティバルゲート」に変わっている。

Tennoji St.
天王寺
てんのうじ

所在地	大阪府大阪市阿倍野区阿倍野筋1-1-48
ホーム	2面3線
乗降人数	259,317人
開業年	昭和13年4月21日
キロ程	13.9km（江坂起点）

昭和13年、御堂筋線終着駅として開業
谷町線と連絡、「あべちか」地下街あり

◀天王寺駅前付近の市電
天王寺駅前付近を走る大阪市交通局901形、四つ橋行きの路面電車。この流線形の車両は昭和10（1935）年から翌年にかけて50両が製造された。
撮影：J.WALLY HIGGINS
昭和34年

▲天王寺駅付近の空撮
あべのハルカスの誕生などで大きな変貌を遂げている街、天王寺・阿倍野周辺。天王寺公園の広い緑の空間は健在だ。
現在

◀天王寺公園
遊歩道や花壇などが美しく整備されている天王寺公園。奥には、昭和11（1936）年に完成した大阪市立美術館が見える。
昭和戦前期

▲四天王寺西門、大阪市電
国の重要文化財に指定されている四天王寺西門の石鳥居、五重塔を背景に大阪市電が走る。右手には荷車や仁丹の看板が見える。
明治後期

　御堂筋線は昭和13（1938）年4月、難波（なんば）～天王寺間が延伸して以来、長くこの天王寺駅が終点駅だったが、昭和26（1951）年12月、昭和町駅へ延伸し、途中駅となった。一方、谷町線は昭和43（1968）年12月、谷町四丁目～天王寺間が開業し、両者の連絡駅となっている。この谷町線は昭和55（1980）年11月、天王寺～八尾南間が延伸している。

　あびこ筋の下を走る御堂筋線の天王寺駅のホームは、JRの天王寺駅南側に東西に伸びる形で置かれている。その南側には、あべのハルカスのビルが存在し、近鉄南大阪線の始発駅、大阪阿部野橋駅がある。一方、谷町線は谷町筋（あべの筋）を走るため、そのホームはJR駅の西側の地下に位置する。このように、御堂筋線の動物園前駅寄りと、谷町線の阿倍野駅寄りが接続する形である。谷町線の天王寺駅の地下付近には、地下街「あべちか（旧・アベノ地下センター）」が広がっている。

　御堂筋線の駅構造は、単式ホームと島式ホームの複合型で、2面3線を有している。1番線は「あびこ・なかもず」方面、2・3番線は「なんば・梅田」方面である。この御堂筋線は、天王寺駅を始発・終着とする列車が多く、終着列車は1番線に到着し、始発列車は2番線から出発することになる。なお、谷町線のホームは相対式の2面2線である。

⚡ クラシックな電車の116号

住吉公園へ向かう途中、今池付近の平野線と分岐する辺りの光景。平野線は市営地下鉄谷町線の八尾南までの延伸時に廃止された。

🚶 古地図探訪

天王寺駅付近

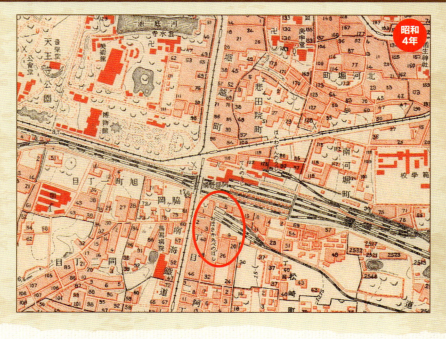

　この当時は国鉄の関西線、城東線の天王寺駅のほか、まだ私鉄（阪和電鉄）だった時代の阪和天王寺駅、大阪鉄道（現・近鉄）の大阪阿部野橋駅が並んで存在していた。また、谷町筋・玉造筋には大阪市電、あべの筋には、南海（現・阪堺電軌）上町線の天王寺駅前停留場が見える。

　大正4（1915）年に開園した大阪市立（現・大阪市天王寺）動物園は、この当時はまだ面積は狭く、西側に見える天王寺公会堂、音楽堂などの部分を昭和7（1932）年に編入し、拡張された。公園の南端に見える博物館は、大正6（1917）年に開館した大阪市立市民博物館である。

Syouwatyou St. / Nishitanabe St.
昭和町・西田辺

昭和初期に土地区画整理、昭和町の地名
昭和27年の延伸時は西田辺駅が終着

【昭和町駅】

所在地	大阪府大阪市阿倍野区昭和町1-9-26
ホーム	2面2線(地下駅)
乗降人数	23,428人
開業年	昭和26(1951)年12月20日
キロ程	15.7km(江坂起点) 21.6km(千里中央起点)

【西田辺駅】

所在地	大阪府大阪市阿倍野区西田辺町1-1-25
ホーム	2面2線(地下駅)
乗降人数	25,843人
開業年	昭和27(1952)年10月5日
キロ程	17.0km(江坂起点) 22.9km(千里中央起点)

昭和29年頃
撮影:野口昭雄

◀天王寺～昭和町間
戦時に中断していた地下鉄延伸工事を再開したものの、当時は資材不足と資金難でトンネル上部の構築を後回しにしたため、青空地下鉄と呼ばれた。

◀昭和町駅
昭和の住宅街から、商店・オフィス街に発展した昭和町駅の地上出入口周辺。改札口は天王寺、西田辺寄りにそれぞれ1カ所設置されている。

▶西田辺駅
あびこ筋と南港通の交差する場所の地下に置かれている西田辺駅。この駅の北東には、阪和線の南田辺駅がある。

　東から再び南に向きを変えた御堂筋線は、あびこ筋を進み、昭和町駅に至る。この昭和町駅は、昭和26(1951)年12月、天王寺～昭和町間の延伸時に開業している。当初は終着駅だったが、昭和27(1952)年10月、昭和町～西田辺間が開業し、途中駅となった。

　「昭和町」の駅名、地名の由来は、大正時代から始まった大阪市の土地区画整理事業のうち、この付近の土地区画整理を行った「阪南土地区画整理組合」の土地造成が昭和4(1929)年に完成し、町名に選ばれたことによる。それ以前、「阿倍野」と呼ばれる天王寺区の南部には天王寺村が存在し、一時は人口5万人を超える規模を誇っていた。大正14(1925)年に大阪市に編入されて、天王寺区が成立している。

　西田辺駅は、昭和27年の御堂筋線の延伸時に駅が誕生した。当時は終着駅だったが、昭和35(1960)年7月、西田辺～あびこ(我孫子)間が延伸し、途中駅に変わった。この西田辺駅は、あびこ筋と南港通の交差点付近の地下に置かれている。

　この西田辺駅の南東側が「西田辺」であり、北東側が「長池町」、西側が「阪南町」になっている。西田辺駅付近では、JRの阪和線との距離が近くなっており、南田辺駅が北東、鶴ヶ丘駅が南東に存在する。西田辺駅の所在地は西田辺町1丁目、鶴ヶ丘駅の所在地は西田辺町2丁目となっている。

萩之茶屋南公園 昭和41年
西成区にあり、通称三角公園と呼ばれる。左側の線路は廃止された南海天王寺支線で奥が天下茶屋方向。

所蔵：上野又男

南海平野線 昭和39年
撮影：J.WALLY HIGGINS
近鉄南大阪線の下をくぐる105号。101形の車両は、このとき既に製造から40年を経過していたものの、手入れが行き届いていた。

古地図探訪　昭和町・西田辺駅付近

地図の右（東）側には、国鉄阪和線が通り、桃が池公園の南側に南田辺駅が置かれている。この阪和線沿線の水のある風景は、現在もほぼそのまま残されている。その西側、あびこ筋に開設される御堂筋線の昭和町、西田辺駅だが、この時期にはまだ誕生していない。昭和町駅が開業するのは桃が池公園の北東、松虫通の北側であり、西田辺駅が開業するのは地図の下（南）側を走る南港通との交差点である。

一方、左（西）側を走るあべの筋の東側には、大阪大学のキャンパスが見える。ここは大阪高等学校のキャンパスを引き継いだもので、大阪大学南校と呼ばれていたが、その後に移転している。

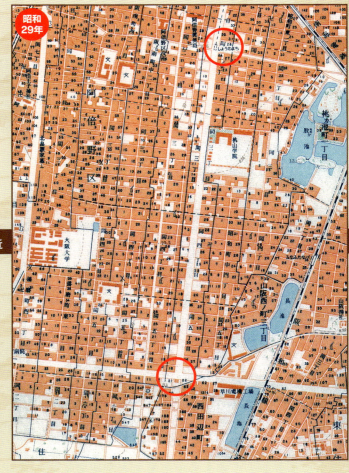

昭和29年

Nagai St. / Abiko St.
長居・あびこ

長居駅は昭和35年開業、阪和線接続
我孫子の検車場は、中百舌鳥検車場に

【長居駅】

所在地	大阪府大阪市住吉区長居東4-6-5
ホーム	2面2線(地下駅)
乗降人数	30,950人
開業年	昭和35(1960)年7月1日
キロ程	18.3km(江坂起点) 24.2km(千里中央起点)

【あびこ駅】

所在地	大阪府大阪市住吉区苅田7-12-21
ホーム	相対式2面2線(地下駅)
乗降人数	34,311人
開業年	昭和35(1960)年7月1日
キロ程	19.5km(江坂起点) 25.4km(千里中央起点)

▲**開業時の長居駅** (提供:毎日新聞社)
地下鉄御堂筋線の延伸、長居駅の開業を祝う人々。紅白の幕が張られたテントがあり、日の丸を持った子どもたちと、それを見守る大人たちの姿がある。

▲**長居駅**
サッカーやコンサート会場の舞台となる施設のある長居公園。その最寄り駅となる長居駅は、ホームの幅が他駅より広く設計されている。

▶**長居公園**
5万人を収容できるヤンマースタジアム長居を中心に、ヤンマーフィールド長居、屋内外プール、相撲場などがある長居公園。

◀**あびこ駅**
住吉区役所の最寄り駅となっているあびこ駅。相対式ホーム2面2線の地下駅であり、改札口、地上出入口は南北に4か所設けられている。

　御堂筋線とJR阪和線が連絡するのがこの長居駅である。御堂筋線の長居駅は昭和35(1960)年7月、西田辺〜我孫子(あびこ)間の延伸時に誕生している。一方、国鉄の長居駅は昭和4(1929)年7月、阪和電気鉄道の開業時に臨南寺前駅として開業している。昭和19(1944)年、阪和電鉄は国有化され、駅名も長居駅に改称した。
　この両駅は、阪和線の高架線があびこ筋を渡った南側に置かれている。また、その南側には東西に長居公園通が走り、長居交差点が存在する。この道路の北、あびこ筋の東側には、長居公園が広がっており、大阪市立長居植物園、大阪市立自然史博物館、ヤンマースタジアム長居(長居陸上競技場)、キンチョウスタジアム(長居球技場)などがある。

　あびこ(我孫子)駅は昭和35(1960)年7月、御堂筋線の延伸時に終着駅として開業した。昭和62(1987)年4月、あびこ〜中百舌鳥間が延伸し、途中駅となっている。この駅の南側には、我孫子検車場が存在したが、昭和62年に移転、拡大する形で、中百舌鳥検車場に引き継がれている。
　「あびこ(我孫子)」の駅名、地名の由来は、駅の西側にあるあびこ観音寺(大聖観音寺)に由来する。この寺は546年の創建、日本最古の観世音菩薩の寺とされている。また、「あびこ(我孫子」の名称は古代の豪族「依網吾彦(よさみのあびこ)」によるといわれている。

昭和45年

🔺 **長居公園の東側**
植樹の終わった郷土の森のある自然公園区と大池を中心とした植物園地区の風景。現在も大阪を代表する総合公園で総面積65.7haの広さを誇る。

昭和35年
撮影：佐野正武

🔺 **我孫子検車場の5000形**
昭和35年の御堂筋線西田辺〜あびこ間開業時に登場し、合計188両が製造された。登場当初は5000形と呼ばれており、昭和44年以降は50系と呼ばれるようになった。

🚶 古地図探訪　　あびこ駅付近

この時期、阪和線のほかに、杉本町駅から八尾東駅に至る阪和貨物線が存在していた。一方、あびこ筋を走る御堂筋線はまだ開通しておらず、我孫子(あびこ)駅は見えない。

地図の上(北)側には、地名の由来となった安彦観音(寺)が存在し、その西側には引接寺、圓満寺を示す「卍」の地図記号が見える。全体的にはまだ田畑が多く残っており、右(東)側には大和川とともに、依羅(よさみ)池が残っていた。現在、あびこ駅の西側にある大阪市立依羅小学校を示す「文」の地図記号は、地図の中央付近の「同五丁目」の文字の上(北)にある。

昭和29年

🔻 **我孫子検車場**
大阪市交通局の一大車両基地であった我孫子検車場。御堂筋線の車両だけではなく四つ橋線車両も受け持っていたが、中百舌鳥検車場開設に伴い閉鎖された。

昭和38年

撮影：中西進一郎

Kitahabada St. / Shinkanaoka St.
北花田・新金岡

堺市北区に北花田駅、昭和62年開業
絵師・巨勢金岡ゆかりの金岡神社から

【北花田駅】

所在地	大阪府堺市北区北花田町2-14-3
ホーム	島式1面2線(地下駅)
乗降人数	25,193人
開業年	昭和62(1987)年4月18日
キロ程	21.4km(江坂起点) 27.3km(千里中央起点)

【新金岡駅】

所在地	大阪府堺市北区新金岡町1-7-2
ホーム	島式1面2線(地下駅)
乗降人数	21,101人
開業年	昭和62(1987)年4月18日
キロ程	23.0km(江坂起点) 28.9km(千里中央起点)

◀北花田駅
府道28号、187号が交わる交差点の地下に位置する北花田駅。北西角にはイオンモール堺北花田がオープンし、利用客も増えている。

▶新金岡駅
この新金岡駅は、堺市北区役所の最寄り駅であるが、御堂筋線の中では最も乗降客数の少ない駅となっている。

◀新金岡駅ホーム
なかもず行きの北大阪急行9000系が発車する。この先に御堂筋線の中百舌鳥検車場に出入する引込線がある。

　大阪市を南に伸びる御堂筋線は、少し進路を変えて大和川に架かる吾彦大橋を渡り、堺市に入る。堺市最初の駅が北花田駅である。堺市北区にある北花田駅は昭和62(1987)年4月、御堂筋線のあびこ(我孫子)～中百舌鳥間の延伸時に開業している。

　「(北)花田」の駅名、地名の由来はこのあたりから五箇荘にかけて、灯油の原料として使われる「あぶらな」「えごま」の栽培が盛んで、開花時に一面の「花畑(田)」になったことによる。この駅から少し離れた東側では、堺市から松原市に変わる。

　一方、新金岡駅は同じ昭和62年4月に開業している。

　「(新)金岡」の駅名の由来となったのは、南東に存在する金岡神社である。この神社は平安時代の創建とされ、底筒男命のほか、この地に住んだ平安初期の絵師、巨勢(こせ)金岡を祀っている。明治22(1889)年、金田村と長曽根村が合併したとき、新しい村の名に金岡神社にちなんだ「金岡」が選ばれた。また、堺は鉄砲、刃物でも有名で、古来の鋳物集団の存在から「金の岡」が由来という説もある。現在は、北区に「金岡町」の地名が存在する。

　新金岡駅の南東、中央環状線の北側に北区役所が存在する。また、その東側には、広大な大泉緑地、大泉池が広がっている。

阪和線の堺市（旧・金岡）駅

先頭車両はクハ16264の東岸和田行き。撮影場所は阪和線の金岡駅であり昭和40年に堺市駅に改称された。50年以上前の光景であり隔世の感がある。

古地図探訪　北花田駅付近

　現在とは大きく異なる、昭和29（1954）年の北花田駅周辺の地図である。この地区には今池、五反田池、守が池、新池といった池が存在していたが、現在はほとんどが姿を消している。左下（南東）の大豆塚町付近には、長曽根電気変電所があるが、現在もこの変電所の北東に今池の一部が残っている。

　地図の中央付近、奥本町の南西に華表神社がある。この神社と東側にある「卍」の地図記号の地蔵寺との間を現在、あびこ筋が南北に通っている。このあびこ筋の下を走る御堂筋線に、北花田駅が置かれている場所は、両者の位置よりもやや北側にあたる。

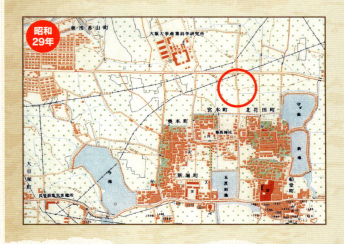

大泉緑地・大泉池

　堺市北区と松原市にまたがる大泉緑地は、100ヘクタールを超える広大な緑地で、公園として整備されている。もともとは昭和16（1941）年、戦時における防空緑地として、服部、鶴見、久宝寺緑地とともに「大阪四大緑地」のひとつとされたものである。園内には大泉池など3つの池があり、憩いのゾーン、スポーツゾーンなどに分けられている。また、災害発生時に17万人が避難できる「防災公園」としての整備も進められている。

緑地内の除草を目的にヒツジが放し飼いになっている。

大泉緑地には、約200種320万本の樹木が植えられている。

公園内には、最大の面積を誇る大泉池など豊かな水の風景が広がる。

Nakamozu St.
なかもず

南海高野線、泉北高速鉄道との連絡駅
昭和62年、御堂筋線の南の終着駅に

所在地	大阪府堺市北区中百舌鳥町2-240-1
ホーム	島式1面2線（地下駅）
乗降人数	80,923人
開業年	昭和62(1987)年4月18日
キロ程	24.5km（江坂起点） 30.4km（千里中央起点）

▲中百舌鳥（なかもず）駅前ロータリー
かつては工場と田園風景が広がる土地柄であったが、大阪府道開通以降区画整理が進み商業施設などが増加している。

撮影：岩堀春夫

▲南海・泉北高速の中百舌鳥駅
平成27年12月のダイヤ改正時に特急「泉北ライナー」が運転されることが決定した。当駅には停車しない。「こうや」「りんかん」の停車する堺東も通過となる。

撮影：岩堀春夫

▶なかもず駅に停車中
唯一、政令指定都市の堺市に乗り入れる御堂筋線。南海高野線や泉北高速鉄道からの乗り換え利用者も多く、正に大阪の大動脈の路線である。

◀なかもず駅
御堂筋線、南海、泉北高速鉄道が連絡するターミナル駅として発展しているなかもず駅の駅前風景。大阪市交通局の駅としては、最も南に位置する。

　中百舌鳥（なかもず）駅は、御堂筋線のほか、南海高野線、泉北高速鉄道が連絡するターミナル駅となっている。駅名については難読駅名であるため、表示板などで漢字のほかに「中もず」「なかもず」が使用されている。

　御堂筋線のなかもず駅は昭和62(1987)年4月、あびこ～なかもず間が延伸し、終着駅となった。一方、南海の前身である高野登山鉄道に大正元(1912)年10月、中百舌鳥駅が開業している。この駅は昭和45(1970)年11月、現在地に移転し、橋上駅舎となっている。昭和46(1971)年4月、泉北高速鉄道が開業し、相互直通運転が実施されるようになった。御堂筋線のなかもず駅は地下駅であり、大阪市営地下鉄で最も南に位置する駅でもある。この西側に南海・泉北高速鉄道の駅が存在している。

　「百舌鳥」という駅名、地名の由来は、仁徳天皇の逸話として、御陵の造営中に鹿が飛び出し、その耳の中から百舌鳥が出てきたことによる。このことから「百舌鳥耳原」の地名が誕生した。

　このなかもず駅付近には、仁徳天皇陵のほか、履中天皇の百舌鳥耳原南陵などがあり、現在、堺市北区には中百舌鳥町のほか、百舌鳥本町、百舌鳥梅町などの地名が存在する。また、JRの阪和線には百舌鳥駅、南海高野線には百舌鳥八幡駅が存在する。

平成3年
撮影：岩堀春夫

🔹**中百舌鳥駅に停車している泉北高速100系**

御堂筋線の中百舌鳥延伸の際、泉北高速鉄道との乗り入れ計画も浮上したが、集電方式、電圧、軌間、車両規格の相違などから見送られた。

平成20年
撮影：岩堀春夫

🔹**中百舌鳥付近の南海電車**

南海初のステンレス車6000系は高野線用として昭和37年に登場。ドアは片開きであり大手私鉄の通勤車両としては全国的に珍しい存在となっている。

🔹**仁徳天皇陵古墳**

5世紀中頃にできた日本最大の前方後円墳である仁徳天皇陵古墳（大仙山古墳）は、クフ王ピラミッド、始皇帝陵と並ぶ世界三大墳墓とされている。

古地図探訪　なかもず駅付近

南海高野線の上には百舌鳥八幡駅、中百舌鳥駅が存在するが、昭和45（1970）年に御堂筋線がその中間付近まで延伸することになる。南海の中百舌鳥駅は北東側に移転し、市営地下鉄の中百舌鳥駅が開設された。

南海線の北側には溜池、南側には古墳の存在が目立つ。左上（北東）に一部分が確認できるのは仁徳天皇陵である。その南東に見える「百舌鳥陵墓参考地」は現在、「御廟山古墳」と呼ばれ、さらに南東に見える「東百舌鳥陵墓参考地」は「御陵山公園」となっている。その東には大阪府立大学の中百舌鳥キャンパスが広がり、キャンパスの南側を迂回するようにして、泉北高速鉄道線が中百舌鳥駅へ乗り入れている。

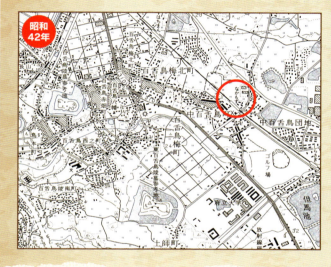

昭和42年

現在

豊中市　吹田市　大阪市淀川区　大阪市北区　大阪市中央区　大阪市浪速区　大阪市西成区　大阪市阿倍野区　大阪市住吉区　堺市北区

生田 誠（いくた まこと）

昭和32年、京都市東山区生まれ。東京大学文学部美術史学専修課程修了。産経新聞東京本社文化部記者などを経て、現在は地域史・絵葉書研究家。絵葉書を中心とした収集・研究を行い、集英社、学研パブリッシング、河出書房新社、彩流社等から著書多数。

【写真提供】
J.WALLY HIGGINS、上野又勇、荻原二郎、岩堀春夫、小川峯生、小林昭夫、佐野正武、
高野浩一、中西進一郎、野口昭雄、
大阪市交通局、朝日新聞社、産経新聞社、毎日新聞社

【絵葉書所蔵】
生田 誠

【撮影協力】
中西進一郎（現在の駅舎撮影）

【執筆協力】
高野浩一（鉄道写真の解説）

桜島可動橋（現在のＵＳＪ付近、昭和46年撮影）

大阪環状線・北大阪急行・御堂筋線　街と駅の1世紀

発行日……………2015年11月5日　第1刷　　※定価はカバーに表示してあります。

著者………………生田 誠
発行者……………佐藤英豪
発行所……………株式会社アルファベータブックス
　　　　　　　〒102-0072　東京都千代田区飯田橋 2-14-5　定谷ビル 2F
　　　　　　　TEL. 03-3239-1850　FAX.03-3239-1851
　　　　　　　http://ad-books.hondana.jp/

編集協力…………株式会社フォト・パブリッシング
校正………………加藤佳一
デザイン・DTP……柏倉栄治
印刷………………モリモト印刷株式会社

ISBN 978-4-86598-806-2 C0026
本書は日本出版著作権協会（JPCA）が委託管理する著作物です。
複写（コピー）・複製、その他著作物の利用については、事前に JPCA（電話 03-3812-9424、e-mail:info@jpca.jp.net）の許諾を得てください。なお、無断でのコピー・スキャン・デジタル化等の複製は著作権法上での例外を除き、著作権法違反となります。

懐かしい
沿線写真で訪ねる

大阪環状線
北大阪急行・御堂筋線

街と駅の1世紀

生田 誠

アルファベータブックス